石田慶和集 Ⅲ

真宗入門

―宗教的人間の可能性―

石田慶和

真宗入門

――宗教的人間の可能性――

石田慶和

真宗入門　―宗教的人間の可能性―　目次

第三章　なぜ、浄土に往生するのか

＊聖教の引用については、
『浄土真宗聖典（註釈版）第二版』は『註釈版聖典』
『浄土真宗聖典（七祖篇）註釈版』は『註釈版聖典（七祖篇）』
と略記しています。

第一章　生きることの意味

科学的解決と宗教的解決

「現代人」とは

「現代」とは「現在の時代」ということですから、「現代人」とはいまの時代の人間のことです。宗教の問題を考えようとする時に、どうしてことさらに「いまの時代の人間」が問題になるのでしょうか。それは、人間のものの考え方が昔といまとでは大きく変わってしまったからです。

もちろん変わっていないこともたくさんあります。人間にとって根本的なことで、いつの時代でもまったく変わらないことは、たとえば「生老病死」とか「一切皆苦」とかいわれることがあります。どんな人も歳をとり、病気になったり、いつかは死ななければならないし、いろいろな機会に、人間は心に苦しみをもったり悩んだりしなければならないといったこともあります。けれども、そうしたことについての原因や解決の方法についての考え方が、今日ではすっかり変わってしまったのです。それがいま宗教にとって大きな問題となっています。このことについて少し立ち入って考えてみましょう。

現代人と心の問題

現代の人間は、体の不調の場合は言うまでもなく、心に不安を感じたり悩みをもったりした場合でも、まず医師に相談しようとします。僧侶や牧師に悩みをうちあけてアドバイスを求めるということは、よほどの信者でないかぎりしないのではないでしょうか。アメリカなどでは、そういう時に相談をうけるのは精神分析医といわれる医師で、風邪をひいた時には内科医に診察してもらうように、人びとは精神的に不安定になると気軽に精神科医に診断をうけるようです。

どうしてそうなのか、その理由を、オルポート（一八九七―一九六七）という心理学者は次のようにいっています。現代の人間は、心に不安を感じたり、自分が精神的に健康でないと自覚したりすると、その病気の原因を合理的・科学的に明らかにしたいと思います。精神科医は科学者ですから、その原因をみつけてくれるだろうと考えるのです。

そうすれば、自分の内面生活の葛藤に自ら直面したり、他人に立ち入られたりする必要はありません。誰にも知られたくない心の中に踏み込まれるよりも、内臓の故障や血圧の加減で心理的に不安定なのだといわれるほうが、ずっと受け入れやすいことは明らかです。あるいは、働きすぎだとか対人関係からのストレスだとかいわれると、納得することもできるでしょう。僧侶や牧師といった人びとは、病人の悩みを科学的に解明しようとはせず、その心の中に立ち入ろうとしたり、道徳的な立場から判断したり、あるいはお説教やお祈りをするかもしれません。そんなことは閉口だというわけです。

それに、現代科学の各分野と応じて医学もすばらしい進歩をとげました。その医学に対する大きな信頼と期待があります。精神科医は、最近の研究によって人間の精神について新しい発見とすぐれた洞察を確立しているに違いないと、人びとは信じています。しかも、それは多様に分かれている宗教の教えとは異なって、普遍的で統一している総合的知識であり、信頼度の高いものです。こうなると勝負は明らかです。古めかしい宗教の教えや儀式、懺悔・告白などということは、問題になりません。心の悩みについて力強い解決の道を示してくれるのは、医学、とくに精神医学しかないというわけです。

こうした現代医学に対する信頼は、ある程度まで正しいと言えましょう。軽い心理的な疲れとか、逆に重い精神的な病気については、多くの知識と経験をもつ医学によって治療しなければならないことは言うまでもありません。しかし、多くの人たちが漠然ともつ不安、あるいは自分の生き方やあり方について感じる疑問、もっと明確に言えば、人間がそれによって本当に生きていくことができる「生きる意味」や「生き甲斐」を見いだすというようなことは、はたして医学的に解決できるのでしょうか。それは、医学の領域の問題ではありません。そこにまさに宗教の問題があるのです。そのことを、少し別な角度から考えてみましょう。

ユングの心理療法と二種深信

スイスの有名な心理学者で、また精神科医として精神分析の分野で大きな業績を残したユング（一八七五―一九六一）という人が、一九三二年にシュトラスブルクでキリスト教の牧師たちに対しておこなった「心理療法と牧会（ぼっかい）の関係について」（『心理学と宗教』所収）という講演の記録があります。

「牧会」とはあまり聞きなれない言葉ですが、これはキリスト教で「魂の治療」とか「魂への配慮」ということを意味します。牧師が教会で教えを説いたり、また人びとをその状況に応じて教え導くことで、牧師だけでなく信者たちすべての務めでもあるとされています。ユングはこの講演で、キリスト教の伝道と心理療法との関係を明らかにしようとしているのです。私はそれを読んで、現代における宗教の役割について教えられるところが多くあったと同時に、親鸞聖人（しんらんしょうにん）（一一七三―一二六三）の教えの深さということについても、非常に考えさせられるところがありました。そのことを次に述べてみましょう。

ユングは、まず精神神経症という病気を取り上げ、それがまったく心の原因から生じ、また心の治療によってのみ癒すことができるということを申します。ということは、この病気は、遺伝とか体質とか細菌の感染といった身体に関わる原因によるのではなく、「心」という実体の捉えられないものを原因とするというのです。そのことは、この病気が身体の器官の治療によってではなく、精神科医の適切な説明や慰めの言葉によって治療効果をあげることから知ることができます。ただその場合、医師の言葉が効果をあげるのは、それが意味、あるいは意義を伝えている時だけだと、ユングは言います。

このように言えば、私は『教行信証（きょうぎょうしんしょう）』「信巻（しんかん）」に引用されている『涅槃経（ねはんぎょう）』の阿闍世王（あじゃせおう）のことを思い出します。阿闍世王は、父の王を死に到らしめたのち深刻な苦悩におちいり、身体中に瘡を生じます。そして、手当をして治そうとする母

后の韋提希夫人に、

かくのごときの瘡は心より生ぜり。四大（肉体）より起れるにあらず。

（『註釈版聖典』二六七頁、括弧内引用者）

といっています。まさに心の原因によって生じたできもので悩んでいるのです。その悩みを本当に癒すのは、「六師外道」と譬えられた、当時、インドで唯物論・宿命論などを説いた自由思想家の空虚な教えではなく、深いさとりにもとづく釈尊の意味深い教えでした。このことは『涅槃経』のそのあとの叙述で明らかです。釈尊は、いわば心の医師として阿闍世王の苦悩を治療されたのです。

ユングは、さらにこの精神神経症は自己の生存の意味を見いだせない魂の苦悩であるとして、いかにして精神科医がその病を癒すことができるかを問います。その場合、最も大切なことは、精神科医の「偏見のない客観性」であるというのです。神経症の患者が心の悩みを告白しようとする時、精神科医が自分の道徳的な考え方からその内容を受け入れられない場合には、患者は自分が受け入れられたとは感じません。言葉にするにせよ、しないにせよ、患者のあり方を医師が裁くならば、患者は心を開かないのです。患者の心を導こうとするなら、精神科医はどんなことも受け入れ、患者とともに感じることがなければなりません。

それは人生に対する畏敬の念にもとづく「偏見のない客観性」から、言い換えれば、どんなことでもあるがままに受け入れる態度からのみ生まれると、ユングは言っています。しかしそのためには、医師自身が自分をあるがままに受け入れていなければなりません。自分をあるがままに受け入れるということは、あらゆる者の中で、最も卑しい者、最も破廉恥な者が、自分の中にいることを自ら認めるということであり、その時初めて「偏見のない客観性」が生まれるというのです。

私はこうしたユングの考えを読んで、これは浄土真宗でいう「二種深信（にしゅじんしん）」の「機（き）

の深信」をいうのだと思いました。中国の善導大師（六一三―六八一）によれば、

「機の深信」とは、

自身は現にこれ罪悪生死の凡夫、曠劫よりこのかたつねに没し、つねに流転して、出離の縁あることなしと信ず。

（「散善義」、「信巻」引用文、『註釈版聖典』二一八頁）

と信じることであり、『歎異抄』第十三条の言葉によれば、

さるべき業縁のもよほさば、いかなるふるまひもすべし　（『同』八四四頁）

という人間の真の姿に気づかされることです。浄土真宗の教えが聖者・賢者のための教えではなく、煩悩具足の凡夫の救われる道であるということは、「機の深信」

において明確に示されていることです。それは、ユングの言う「自分をありのままに受け入れる」ということではないでしょうか。

しかしそれとともに、親鸞聖人の教えによると、「二種深信」は「機の深信」と「法の深信」とが別々に成立するものではありません。それは真実信心の二面であって、古来、「二種一具」といわれるように、そこでは、如来の本願によって必ず浄土往生をとげうると信じることによって、罪悪生死の凡夫である自己の真相が本当に明らかになるのです。このことは、じつに深い意味をもっているように思います。

精神分析の役割と宗教の意味

ユングは、神経症患者を援助しようとする精神科医は「偏見のない客観性」において患者を受け入れるだけではなく、患者の貫徹しようとするエゴイズムにおいて患者を援助しなければならないと言います。この場合、エゴイズムというのは、患者の陥（おちい）る深い孤独な状態のことです。その時にこそ、恵み深い力が体験されるというのです。苦しんでいる人間の助けになるのは、その人が自分で考える内容ではなく、啓示された真理、宗教的真理だけである、とユングは言っています。宗教は魂の苦悩に対する治療体系なのです。そうした宗教的真理はいかにしてあたえられるのでしょうか。それは真実の「教え」によるしかありません。

浄土教について言えば、「機の深信」は人間そのもののあり方についての見方ですが、「法の深信」は先人たちによって伝えられた浄土の「教え」の内容です。それらの「二種深信」が「信心」においてあらわになるということは、親鸞聖人の導きによってめざめるしかありません。こうしたことを本当に伝えることができるのは、精神医学や精神分析の領域においてではなく、宗教の領域においてなのです。

ユングは、その独自の「無意識」についての考えに即して宗教の意味を理解していますが、ここでは彼の深層心理学の立場からの宗教理解が問題ではなく、宗教が人間の精神にとってどういう意味をもつかが問題です。先に述べたユングの説からも明らかなように、人間の深い心の苦悩の解決には、私たちが承け伝えてきた「教え」というものがどうしても必要なのです。

神経症の患者は病気であって、そんなことは一般の人たちにあてはまらないと考える人があるかもしれませんが、精神神経症という病気は、現代の人間の心のあり方をよくあらわしているということに気づかなければなりません。いまの人びとが漠然と感じている「生き甲斐」の喪失といったことを、最も明確に自覚しているのが神経症を病む人たちなのです。毎日の仕事に追われていたり、目前のことでつい忘れているけれども、本当は誰でも心の中でもっている問題をその人たちははっきりと打ち出し、それを真剣に悩んでいると言えましょう。

このことは、親鸞聖人が「信巻」に、逆悪の阿闍世王が自らのおかした罪業に苦悩し、それをきっかけとして釈尊の「教え」によって「無根の信」をめぐまれ、新しい生命を獲得したという物語を引用されていることと、深く対応しているように思います。阿闍世王は、いまで言えば神経症を病んでいるのです。それを癒すことができたのは、釈尊の導きがあったからです。

親鸞聖人は、ユングが神経症という病気の治療をめぐって明らかにしようとした人間の心の問題と宗教的なめざめの意味を、阿闍世王の回心の事実によって、具体的に、しかもはるかに的確に語ろうとされているのです。宗教が現代の人間にとって意味があるかどうかは、こうした精神医学の問題と親鸞聖人の教えを重ねあわせる時、よく理解されると私は思います。

人間中心・現世中心

現代人の特色は、なによりも「人間中心・現世中心」ということです。このことは、わたしたちの生活のあらゆる場面にいきわたっています。先に取り上げた心理的な不安定の場合についてもそうでしたが、もっと深刻な「死」の問題についてもそうです。

聖路加(せいるか)看護大学（現・聖路加国際大学）学長の日野原重明先生（一九一一―二〇一七）が、こういうことを書いていらっしゃいました。先生がまだお若い頃、青年医師として病院に勤務されていた時、工場で働いていた一人の少女を担当されました。彼女は結核性の腹膜炎で、とても助からない状態でした。母一人子一人で、仕事のために駆けつけてこられない母親に、臨終の床で彼女は伝言を託そうとしました。その時、先生は「安心して死んでいきなさい」とはとても言えず、「大丈夫だから、病気はよくなるから元気をだしなさい」と力づけられたというのです。

少女が亡くなったあと、先生は、なぜあの時「安心して死んでいきなさい」と言えなかったのかということに、深い疑問をもたれます。そしてそれは、「医者は病気に立ち向かうもので、患者を助けるのが仕事。死を受け入れるのは邪道だと思っていた」ことによると気づかれます。そして、それでいいのだろうかと悩まれたのです。それが後年、先生がホスピスという臨死の人のための病院を作ろうと決意されたことに連なっていると記されています。

日野原先生のお父さんはキリスト教の牧師でしたし、先生ご自身もキリスト教徒です。それでも若い頃、医師としては、死を受けいれることは邪道だと思っておられたということは、非常に考えさせられます。それは、先生だけのことではありません。いまでもほとんどの医師はそう考えているのではないでしょうか。医師ばかりでなく、すべての人がそうだと言ってよいでしょう。生きていること、この世のこと、それがなによりも大切で、それを中心に一切の事柄が動いているのが現代です。何よりも大切なこの現実の「生」そのものを否定する「死」は、とても受けいれられないのです。

しかし、およそ生命あるかぎり、いかなるものも避けることのできない「死」を受けいれず、ただ「生」だけを価値あるものとしてそれに執着する、それがはたして人間の本当の「生」と言えるのでしょうか。「生」と「死」とは不離です。この世に「生」を受けたその日から、わたしたちは「死」に向かって歩いているのです。そのことに目をそむけて、「生」だけを見るというのは、無知というより傲慢だと言わなければなりません。

「生」だけを価値あるものとするということは、「死」は無価値であり、無意味であるということにほかなりません。人間は生きている時だけが大切で、死んでしまえば何の値打ちもないことになります。いったん重病になると、鼻や口にはチューブが入れられ、注射や点滴をされ、ものも言えず動きもできず、最期まで延命のための処置をされて、それでもだめだと、結局はゴミのように捨てられてしまいます。そういうことが、いったい人間の「生」というものでしょうか。いま、病院などでふつうに見られるこうした状況に、端的に現代の人間の考え方があらわれているように思います。

なぜ、「死」を受けいれることができなくなったのか。それは、私たちが人間を超えるもの、現世を超える世界とのつながりを失ってしまったからです。目に見えるものや目に見える世界についての知識は、たしかに限りなく拡大しました。しかし、目に見えないものや目に見えない世界についての智慧を、私たちは失ってしまったのではないでしょうか。

親鸞聖人と門弟

親鸞聖人のお手紙に、こういうことが書かれています。京都へお帰りになった聖人のもとへ、東国の門弟たちが訪ねてゆきます。その中の一人であった覚信坊が途中で病気になったので、同行していた人たちが国へ帰りなさいと言ったところが、覚信坊はこう申します。

死するほどのことならば、帰るとも死し、とどまるとも死し候はんず。また病はやみ候はば、帰るともやみ、とどまるともやみ候はんず。おなじくは、みもとにてこそをはり候はば、をはり候はめと存じてまゐりて候ふなり

（『親鸞聖人御消息』第十三通・蓮位添状、『註釈版聖典』七六六～七六七頁）

（死ぬほどのことなら、帰っても死ぬし、とどまっても死ぬでしょう。また病気が

なおるものなら、帰ってもなおり、とどまってもなおるでしょう。同じことなら聖人のおそばで死ぬものなら死のうと思ってここまできたのです。）

こうしてまもなく、覚信坊は念仏を称え、手をくんで静かに亡くなったのです。蓮位(れんい)という人の書いたこの文をお読みになって、聖人は涙をながされたと記されています。

ここには、同じ念仏の信心に生かされている人びとの温かい心のつながりと、生死を超える世界での結びつきとがよくあらわれています。親鸞聖人はほかの手紙にも、門弟たちに、

かならずかならず一(ひと)つところへまゐりあふべく候(そうろ)ふ。

（『親鸞聖人御消息』第十五通、『註釈版聖典』七七〇頁）

（きっと、きっと同じ浄土へ参りましょう。）

とお書きになっています。これは、ただ死後の世界をあこがれて、この世から逃避的になったりしているということではありません。聖人や門弟の人たちにとっては、「生」と「死」とはひとつに受けいれられるものであり、けっして別々のものではなかったのです。いわば「生」と「死」とのはざまが透明になって、限りない光明の世界が望み見られていたということではないでしょうか。

「生」ばかりを価値あるものとして尊重し、「死」を嫌悪し否定しようとするからこそ、「死」はかえって恐るべきものとして私たちに迫ってきます。その恐れからのがれるために、なんとかして死後のことについて確かな知識を得たい、死んだらどうなるのかを知りたい、と研究をすすめている人たちもいます。臨死体験という、仮死状態に陥った人の経験を聞いたり記録したりしていることが、テレビでも伝えられています。

しかし私は、そういう方法では「死」というものは捉えられないし、まして「生死を超える」ということはできないと思います。「生死を超える」ということは、死後のことを知ることによってではなく、私たちがこの生存の真の依りどころを見いだすことによって、初めてできることなのです。現実の「生」の依りどころが、そのまま私たちの本当に帰るべきところとして明らかになってくるのです。親鸞聖人や門弟の人たちは、そういうところとして浄土を受けとめておられたと思われます。

「還相回向」の裏づけ

二十世紀の後半には、この宇宙は百億年か二百億年前のビッグ・バン（大爆発）によって始まったという、宇宙の創造についての新説が注目を浴びました。いずれこの宇宙の創造の過程が、創造主としての神を考えなくても、科学的に説明できるようになるといわれています。神による「無からの創造」というキリスト教の教えからすれば、こうした最近の学説はショッキングなのかもしれませんが、東洋の世界観からすれば、こうした説はそれほど驚くべきことではありません。

古代のインドの人たちの創造説のほうが、もっとスケールが大きいと言えるかもしれません。

科学的には、この宇宙の創造と死滅の過程を知ることも意味のあることです。それによって学問の新しい展開がなされるにちがいありません。アインシュタイン（一八七九―一九五五）の相対性理論がそれ以前の物理学を大きく変革したように、それらの新説もいままでの物理学を転換するだろうといわれています。そうした現代科学の業績を否定するものはいないと言ってよいでしょう。しかし、そのことと宗教的な世界観なり人間観なりがもつ意味とは、まったく異なります。それらを比較して、どちらが正しいとか正しくないとか言うことはおろかなことです。しかし今日、一般に宗教と科学について論じる場合、そうした議論をすることが多いようです。そこに現代のもう一つの問題があります。科学が明らかにする「真理」ではなく、宗教が明らかにしようとする「真実」が、現代においては十分理解されなくなっているのです。

先にあげた、親鸞聖人と門弟の人たちとの結びつきにおいても見られたように、宗教的世界は一人ひとりの人間の心に深く関わるものです。「浄土」で再会するといっても、それは新幹線に乗って行って東京で誰かと会うといったことではありません。そこで語られていることは、やはり「生死を超えて」同じ世界に住むということです。このことは、たとえば「還相回向」ということからも知ることができます。

「還相回向」とは、本願のはたらきによって、私たちはいったん浄土に生まれて仏となり、ふたたび現世へ還って苦悩の衆生を救済することができるということです。親鸞聖人は、中国の曇鸞大師（四七六―五四二）の教えにもとづいて往相・還相の回向ということをいわれたのですが、そのお考えのもとになっているのは、大乗仏教の「自利・利他相即」とか、「上求菩提・下化衆生」という精神であると私は思います。罪悪深重の私たちは、自分の力では衆生を救うなどということはとてもできませんが、如来の本願に乗託して浄土へ生まれ成仏したならば、その本願のはたらきによって、かならず衆生済度ができるのだということを、親鸞聖人は深く信じておられたのです。

『歎異抄』第四条に、親鸞聖人のお言葉として「浄土の慈悲」について、

いそぎ仏に成りて、大慈大悲心をもつて、おもふがごとく衆生を利益するをいふべきなり。

（『註釈版聖典』八三四頁）

とか、同じ『歎異抄』第五条に、

神通方便をもつて、まづ有縁を度すべきなり

（『同』八三五頁）

と言われているのは、そのお気持ちを語るものにほかなりません。これはどういうことなのでしょうか。

人間が自分の生きている意味に気づき生き甲斐を感じるのは、自分の存在が他の人たちの頼りになるということを知った時です。それは逆に、生きている意味がわからない、生き甲斐がないと思うのは、自分が誰にも頼られない、誰にとっても必要ではないと思う時だということから、すぐにわかることです。自分が真に頼れるものを見いだすとともに、誰かに頼りにされていることを知ることによって、人間は充実した「生」をおくることができます。日常の親子・夫婦・師弟といった関係においてもそうですが、もっと深い宗教的な世界では、いっそうそうした人間相互の信頼ということが根本的なのです。先に言った大乗仏教の「自利・利他相即」ということも、そういう人間の生き方をいっていると考えることができます。

親鸞聖人は、徹底して自分の力、自分のはからいというものをしりぞけられました。「自力のはからいをすてて如来にまかせる」ということが、生涯をかけて聖人が教えられたことと言ってよいでしょう。そうした立場からは、現在の自分が誰かの頼りになる、誰かを支えるということは考えられません。そんな能力はとてもないと言わなければなりません。それでは、「自利・利他相即」ということはどうなるのか。聖人は、そこにも本願のはたらきというものを見いだされたのです。この世では煩悩にさまたげられて思うようにできないけれども、浄土に生まれた後は、かならず人びとの頼るところとなって助けることができ、利他のはたらきができる。それが約束されているというお考えが、「還相回向」ということなのです。

そのことの裏づけは、法然聖人（一一三三―一二一二）であったことは言うまでもないでしょう。人びとの深く帰依するところであり、また自分を生死出離の道へと導いてくださった「よき人」法然聖人こそ、還相の菩薩であるというのは、親鸞聖人のゆるぎない確信であったのです。そこに、聖人は生きる依りどころと意味を見いだされたのです。

「還相回向」をめぐって少しくわしく申しましたが、宗教的な表現がどういうことをあらわそうとしているかが、多少明らかになったと思います。生きる意味とか生き甲斐といったことは、直接の表現ではあらわしにくいことです。また、日に見えるもの、限りあるものによって、それを示すことはできません。限りあるものを生き甲斐とする時は、かならずそれに裏切られます。ふつうの感覚や知覚を超えたところに初めて見いだされる以上、それをあらわす表現は象徴的表現となるのであり、それが宗教的表現です。ただ、その象徴的表現を理解し解釈することが大切です。その努力がいままで十分ではなかったことを、宗教について考える者は反省しなければなりません。そして、科学的な表現とは異なる宗教的な表現が、どういうことを言おうとしているかを説明することが、とくに現代における宗教の最大の課題であると言ってよいでしょう。その努力が多くなされるようになった時、宗教はふたたび力づよいはたらきをするであろうと私は思います。

親鸞聖人の宗教経験

親鸞聖人の夢

宗教的な表現の基礎となっている宗教的な見方は、ふつうの私たちの見方、とくに現代の人間のものの考え方とは違っているところがあります。たとえば、自然科学的な太陽系宇宙とか銀河系宇宙といった世界の見方に対して、地下界や天上界、地獄や浄土といった世界の見方もそうです。しかし、とくに異なるのは人間そのものについての見方です。このことを、具体的なことがらについて考えてみましょう。それは親鸞聖人という方をどう見るかということをめぐって考えられます。

よく知られているように、親鸞聖人は、そのご生涯の重要な転機に夢をみておられます。最初の夢は、比叡山をおりて六角堂に、百日間、参籠（さんろう）なさった時（二十九歳）の夢であり、第二の夢は、越後から関東に移住されたのちの頃（五十九歳）の夢です。第三の重要な夢は、『正像末和讃』冒頭の「弥陀の本願信ずべし」（『註釈版聖典』六〇〇頁）という和讃を感得された、康元二年（一二五七年、聖人八十五歳）二月九日の夢です。

最初の法然聖人にお会いになるきっかけとなった、『恵信尼消息』第一通（『註釈版聖典』八一一頁）に記されている六角堂の夢では、聖徳太子の示現をお受けになったことが書かれています。その示現の文がどのようなものであったかということについては、いろいろな解釈があります。示現の文そのものは失われたので確定することはできませんが、だいたい現在では「廟窟偈」といわれる「三骨一廟の文」ではなくて、『御伝鈔』上巻・第三段に記されている偈文である、

行者宿報設女犯　我成玉女身被犯　一生之間能荘厳　臨終引導生極楽

（『註釈版聖典』一〇四四頁）

（行者、宿報にてたとひ女犯すとも、われ玉女の身となりて犯せられん。一生のあひだ、よく荘厳して、臨終に引導して極楽に生ぜしめん『註釈版聖典』一〇四六頁、脚註）

であろうと考える人が多いようです。問題は、その偈文をめぐって、親鸞聖人がその時、どういう悩みをもっておられたとみるか、ということにあります。ほとんどの研究者は、青年期特有の性的な悩みとしていますが、私は以前からそのような理解に、なにかぴったりこない感じがしていました。

覚如上人（一二七〇－一三五一）が書かれた『御伝鈔』の第三段（『註釈版聖典』一〇四四～一〇四五頁）には、ある記録（『親鸞夢記』か）に伝えられた親鸞聖人の建仁三（一二〇三）年四月五日寅の時の夢が、次のように書かれています。わかりやすくいいますと、六角堂の救世菩薩（くせぼさつ）が、顔かたちのりっぱでおごそかな僧侶の姿であらわれ、白い袈裟を着け、大きな白蓮華に端坐（たんざ）して、親鸞聖人に、〈行者が過去の業報で女犯をするとも、わたしは玉女の身となって犯され、一生の間その行者の身をかざって、臨終には極楽へ導こう〉との偈文を示し、さらに、〈これはわたしの誓願である。あなたはこの誓願の趣旨を一切の衆生に宣べ伝えなさい〉とおっしゃった。その時、聖人が夢の中で、六角堂の正面から東の方を見ると、けわしくそびえる山があり、そこに数千万の衆生が集まっている。その衆生に、救世菩薩のお告げのとおり、聖人がこの文の意味を説き聞かせた、と思った時に夢がさめた。（取意）

というものです。

この夢は、『恵信尼消息』の発見によって、建仁三年ではなく、建仁元（一二〇一）年の六角堂参籠の際の夢とされるようになりましたが、この文の中の〈行者宿報設女犯……〉という言葉が、親鸞聖人のその時の性的な悩みをあらわすものと、多くの人は理解します。しかし、この文の全体をよくみると、救世菩薩の聖人に対する指示は、この誓願の趣旨を人びとに伝えることであって、偈文の内容の女犯についてではありません。それがどうして性的な悩みについての夢だと考えられるのか。そうしたことに、私は現代の人間のものの見方が反映していると思うのです。

フロイトとユングの夢解釈

精神分析でユングとともに有名なフロイト（一八五六―一九三九）が、夢を抑圧された性的な潜在意識のあらわれと考えたことは、よく知られています。神経症の患者の治療経験にもとづいて説かれたフロイトの性欲説が、精神分析学を大きく発展させたことは言うまでもありません。しかし、人間の悩みは性的な悩みばかりではありません。とくに青年期の最も根本的な悩みは、自分が何をめざして生きていったらよいのか、自分の生きる意味・目的は何なのか、それが見いだせないということではないでしょうか。先にも申しましたが、生きていく依りどころがないということは、自分が誰からも期待されない、誰の頼りにもならないという悩みと結びついています。そういう思いほど人間を絶望的にするものはありません。比叡山での二十年にわたる修行によっても、「生死出づべき道」（『恵信尼消息』第一通、『註釈版聖典』八一一頁）を見いだしえなかった親鸞聖人のお気持ちの中には、そうしたことがすべてふくまれていたように思われます。この夢に性的な意味しか見ない人は、フロイトの考えに寄りすぎているように思います。親鸞聖人が、性的な悩みだけでなく、自分のあり方、生き方について根本的な悩みをもっておられたからこそ、この六角堂の夢が聖人に決定的なはたらきをしたのです。

フロイトと違って、ユングは、夢を必ずしも性的な面だけで考えず、むしろ未来的な方向とか、予見といったものが夢にあらわれると考えています。この考えは非常に示唆的であると私は思います。

親鸞聖人について言えば、夢の中の救世菩薩の指示に、聖人は自分のなすべきこと、歩むべき道をはっきり見いだされたのではないでしょうか。仏道を学ぶうえでの破戒（女犯）という個人的な悩みの解決とともに、さらにこれから歩むべき道を指し示すということが、この夢の本当の意味であったと思われます。そうなるべき業縁によって、どんなこともしかねない煩悩を具えた私たちを、浄土へ導こうとしてくださる仏・菩薩の慈悲のはたらきを、一切衆生に伝える。これこそ自分のなすべきことであり、歩むべき道である。そしてこれこそが、自利・利他相即という大乗仏教の精神に沿ったものであるということを、この夢から聖人は感得され、そして法然聖人のもとへ赴かれたのです。

寛喜三年の夢

親鸞聖人は、法然聖人の導きで本願の念仏に帰入してのち、承元元（一二〇七）

年の「念仏停止」という事件によって、越後に流罪に処せられました。そして、越後からさらに関東へと、妻子をつれて在俗の生活をしながら「自信教人信」（みづから信じ、人を教へて信ぜしむ『註釈版聖典』一二六一頁）の道を歩まれたのです。親鸞聖人のその後の生涯は、そうした六角堂の夢が指し示したことの実現であったことは明らかです。そのことをあらためて確認されたのが、第二の寛喜三（一二三一）年四月の夢（『註釈版聖典』八一五頁）であったのです。

東国へ移住される途中、佐貫というところで、親鸞聖人は衆生利益のために「浄土三部経」の千部読誦を思い立たれます。経典の読誦に大きな功徳があると考えられていた時代ですから、それはとくに不思議なことではありません。しかし、聖人は、自分のなすべきことは「自信教人信」にあり、そうした自力の行業をなすべきではないと気づかれて中止されます。それから十七、八年たった、寛喜三年の春、風邪の発熱の中で、聖人は『大経』（『大無量寿経』）の文字を夢みられるのです。そこでよく考えてみると、昔、『大経』を千部読誦しようとしたことがあったと思い出され、人間の自力の執心は本当に根深いものだと反省されたということが、やはり『恵信尼消息』に記されています。

この夢についての記述は、親鸞聖人の自分の心についての深い反省とともに、東国における自らの使命についての強い自覚を語っておられるように思います。もちろん自力の執心の根強さが意識され、それから解き放たれたということもありますが、それよりも、聖人の念頭を離れなかったのは、人びとへの念仏の信の教えを伝えるということであったのです。こうした点に、宗教的人間の本当の生き方、考え方というものが示されていると言えましょう。

康元二年の夢

それが明確にあらわれているのが、第三の親鸞聖人八十五歳の時の夢です。『正像末和讃』のはじめに、「康元二歳丁巳二月九日夜（こうげんにさいひのとのみにがつここぬかのよ）　寅時（とらのとき）夢（ゆめ）に告（つ）げていはく」（『註釈版聖典』六〇〇頁）と前書に記され、

弥陀の本願信ずべし
本願信ずるひとはみな
摂取不捨の利益にて
無上覚をばさとるなり
（同頁）

と高らかにうたわれているこの和讃には、二十九歳で雑行を棄てて本願に帰して以来、生涯をその教えを伝えることに捧げたことについて、それはまちがいではなかった、もう何も思い残すことはない、という親鸞聖人の大きな喜びがあふれています。それは、過ぎし日に六角堂で、そうした使命を与えられた救世菩薩への感謝の気持ちとひとつのものであったでしょう。

これらの三つの夢をみても、親鸞聖人のご生涯は、実にみごとに宗教者として一貫していると私は思います。「念仏停止」や流罪、東国での伝道生活、帰洛、善鸞義絶など、多くの苦難があったにもかかわらず、宗教的にはまさに不退転の歩みを続けて行かれた聖人に、私は感動せずにはおれません。それこそ、いつの時代にも人びとを導く本当の宗教者の生き方であると申せましょう。

宗教的人間の関心

親鸞聖人の夢をめぐっては、そこに宗教的な人間のあり方、さらには宗教における人間そのものの見方というものが明確に出ています。

それらの夢をめぐって、青年期共通の悩みのあらわれだとか、その時代の社会的な問題の反映だとか、老熟した人生観の表現だとか、いろいろと説明することもできるでしょう。しかし、それだけにつきないものがあることに気づかなければなりません。それは、親鸞聖人を神格化するということではありません。むやみに親鸞聖人を如来の生まれかわりだとか、菩薩の化現だとかいうことは、かえって聖人のお心を理解しないことになると私は思います。それとは逆に、親鸞聖人の人間性ばかりを強調して、そのすぐれた宗教性を見失うことと同様の誤りをおかすものです。そうではなくて、親鸞聖人をすぐれた宗教的人格とみて、敬意をこめて正しく理解することが肝心です。

要するに、宗教的な人間の見方とは、人間を全体的に、しかも根本的にみるのであって、内からの衝動とか、欲望とか、あるいは外からの作用といった一部の力で動かされたり、制約されたりしているものとはみないのです。親鸞聖人について言えば、仏道に志されて以来、聖人を根本から動かしつづけたのは、「上求菩提・下化衆生」の願いだったのです。それは、もっと簡単に言えば、一切衆生の「生死出づべき道」をみいだそうとする願いだったのであり、その問題の解決が、聖人の生涯を決定したのです。それが根本であり、それ以外のことは枝葉末節なのです。人間をそういった角度からみて、それもただみるだけではなく、自分もそうだと考えることが宗教的な人間の見方です。

宗教的要求

親鸞聖人のご生涯、とくにその夢をめぐって、宗教的な人間の見方、ものの考え方を申しましたが、こうしたことは、本質的には私たちの誰にもあてはまることです。現実の生活では、欲望や衝動に駆り立てられて生きている私たちではありますが、その底には、やはり聖人と同じように「生死出づべき道」を求めてやまないところがあります。

日本の哲学者である西田幾多郎先生（一八七〇―一九四五）は、宗教的要求について、

> 宗教的要求は我々の已まんと欲して已む能はざる（とめようとしても、とめられない）大なる生命の要求である
>
> （『善の研究』一八二頁、岩波文庫、括弧内引用者）

といわれています。よく知られた『善の研究』という書物の中で、「宗教的要求」ということを問題にして、それは自己に対する要求であり、自己の生命についての要求であり、さらには、

我々の自己がその相対的にして有限なることを覚知すると共に、絶対無限の力に合一して之(これ)に由(よ)りて永遠の真生命を得んと欲するの要求である。

（『同』一八一頁）

と言われるのです。そういう要求をもったものとして人間を捉えることが宗教の領域なのです。

こうした宗教的要求は、いかにして満たされるのでしょうか。そこにも独自な宗教的な見方というものがあります。ふつうの私たちの要求は、その要求の対象が手に入れられると満たされます。本能的な要求でも、もっと高尚な文化的要求

でもそうです。しかし宗教的要求は、何らかの対象を獲得して満たされる要求ではありません。それは、先にも言ったように、「自己」に対する要求です。それは、日常的な自己の根本的な変革を求めるものです。西田先生は、

真正の宗教は自己の変換、生命の革新を求めるのである。(同頁)

といわれます。そういう自己の根本的な変革を実現して、初めて宗教的要求は満足します。それを宗教的経験というのです。宗教的経験というと、異常な、特別の経験のように聞こえますが、それは日常的な経験とは異質ではあっても、決して異常な経験ではありません。それは、人間として最も自然な、誰にもあるべき経験にほかなりません。本来は、毎日の生活で見失っている真の自己、本当の自分というものを見いだすことなのです。

宗教的経験

宗教的経験とはどういう経験なのでしょうか。またそれは、人間にとってどういう意味をもっているのでしょうか。とくに親鸞聖人の教えとの結びつきで、そのことを考えてみましょう。

親鸞聖人は、自分は「どんな行もおよびがたい身」であり、それゆえに「地獄は確かにすみか」であるとおっしゃいました（『歎異抄』第二条）。そして「他力の悲願」は自分たちのためであり、「弥陀の五劫思惟の願」を「親鸞一人がため」と仰がれました（『同』第九条・後序（ごじょ））。それが聖人の見さだめられた「自己」の姿です。それは、別な言葉で言うと、

さるべき業縁（ごうえん）のもよほさば、いかなるふるまひもすべし

（『歎異抄』第十三条、『註釈版聖典』八四四頁）

といわれるような「自己」であると同時に、

されればそれほどの業(ごう)をもちける身(み)にてありけるを、たすけんとおぼしめしたちける本願(ほんがん)のかたじけなさよ

（『歎異抄』「後序」、『同』八五三頁）

と仰ぐ「自己」でもあります。「地獄は確かである」ということと、「浄土往生は確かである」ということとが、同時に成立しているのです。これは論理的に言えば矛盾です。しかし、それが私の中に生きる事実として受けとられるところに、浄土真宗の宗教的経験があると言えましょう。このことをもう少しわかりやすくいうと、こういうことです。

捨機託法

真宗の教えでは、「捨機託法(しゃきたくほう)」ということを申します。これは、はじめにも申し

ました信心の内容としていわれる「二種深信」にかかわることで、浄土の教えでの宗教的経験を明らかにするものと考えられます。「機を捨てて法に託す」とは、罪悪深重の自己であっても、そのことに捉われず全面的に救済の教えに乗託するということで、それは他力回向の信心の神髄です。「機法二種深信」といっても、自分のあり方を反省して、罪悪深重でどうすることもできないと考えたり、また、自分のことは棚上げで、弥陀の本願によって浄土に往生できると思ったりすることではなく、本当に己れを捨てて本願に信順することをいうのです。

親鸞聖人は東国の門弟へのお手紙の中で、そのことをわかりやすく、

はじめて仏のちかひをききはじむるひとびとの、わが身のわろく、こころのわろきをおもひしりて、この身のやうにてはなんぞ往生せんずるといふひとにこそ、煩悩具足したる身なれば、わがこころの善悪をば沙汰せず、迎へたまふぞとは申し候へ。

（『親鸞聖人御消息』第二通、『註釈版聖典』七四〇頁）

とおっしゃっています。この文章の意味は、初めて如来の本願を聞いて、自分の身も心も罪悪深重であることを知り、こんな私ではどうして浄土往生ができようかという人には、私たちはすべて煩悩をそなえた身であるから、私の心の善し悪しを問題にしないで、如来はかならず浄土へ迎えてくださるのだと教えなさい、と言われているのです。

このお手紙は、念仏者は「悪行をおかしてもさしつかえないのだ」と主張する「造悪無礙（ぞうあくむげ）」の徒を厳しく退けるのが主眼ですが、一方では、罪の意識に捉われることも誤りであることを明確に示されています。救済の法だけを取りあげて、どんな悪いことをしてもかまわないと考えるのも誤りなら、自分が悪人であることに捉われて、「私などは救われない」と思い込むのも誤りだとされています。いずれにしても、自分のあり方（機）に捉われるのでもなく、自分抜きで本願の教え（法）を仰ぐのでもない、自己のあるがままのすべてをあげて教えに信順することこそ「真実信心」であって、それを「機法二種一具の信」と言うのです。

和三郎さんのこと

こうした浄土真宗の宗教的経験が生きた事実として伝えられる例は、それほど多くはありません。その中から、私が深く感銘したものを次に紹介しましょう。私が大学時代に指導をいただいたのは武内義範（よしのり）先生（一九一三—二〇〇二）ですが、先生が昔お書きになった「真宗教化の問題」という文章があります。そこにはこういうことが書かれています。

武内先生は、三重県四日市市の真宗高田派のお寺の住職でいらっしゃいましたが、先生がお若い時に、ある年配のご門徒と親しい交わりをむすばれていました。この人は和三郎さんという方で、武内先生が親しくされた頃は、七十五歳位だったようです。和三郎さんは、それより二十年ほど前に眼を患われて、失明されているのです。そういう人生の大きな逆境に直面されたのですが、すでに四十歳頃から親鸞聖人の教えを聞いておられたので、そうした時に、人びとのすすめるまじないなどの迷信・俗信にはいっさい耳をかさず、ひたすら聴聞をかさねておられたわけです。

武内先生は、大学を卒業されたばかりの頃だったようですが、この方の聞法中心の真摯（しんし）な生き方に強くひかれ、浄土真宗の教えについて、自分の考えをお話しになったり、この人の話をきかれたりして、おふたりには、老若の年齢差を超えてお互いに深く通じるものがあったようです。

そういうおつきあいを続けていらっしゃったある時、一つの事件がおこります。

それについては、先生のお書きになった文章を引かせていただきます。


さてその頃、私は東京の求道学舎で友人I君の紹介によって、近角常観（ちかずみじょうかん）先生の御教示をあおぐことができた。それは先生の晩年のことで、そのとき受けた感銘を私は終生忘れないであろう。先生の御声は今もなお耳朶（みみたぶ）にひびき、先生の御教えの深さは、汲み尽しえぬ真理として、現に私の胸に泉のごとくに湧き出ている。しかし私は、先生の期待せられたごとくに、真宗の真理に深く徹しえなかった。先生の御厚恩を偲ぶごとに、今もなお信仰浅き私を痛嘆せざるをえない。だが一時は、赤熱せる先生の信楽の炬火は、不良導体の私の心までも、同じ高熱に燃え上がらせたごとくにも見えた。そのような感激の中に、私は和三郎老人に、近角先生が教えて下さったことを詳しく語った。私が最後に近角先生にお別れするとき、先生が「他力ですよ、他力ということを忘れてはなりません」と言われたことをこの老人に語ったとき、彼は深い感慨をこめて「そうですか、御他力ですぞ、御他力ということをわすれてはならぬと申されましたか」と言った。それから四、五日後、土砂降りの雨の日の午後、彼は小さな孫娘に手をひかれて私の所へたずねて来た。手をとって室へ招じ入れると、彼はいきなり「私は長い間、聞かせていただきながら御他力ということを忘れていました。もったいないことでございます。申訳ないことでございます」とふるえる両手をついて懺悔した。とざされた両眼からは涙がぽたぽたと畳に落ちた。私は今私の目の前に起こっていることが何であるかを知った。（中略）この老人の三十年の努力がついに最後の嶺（みね）をもふみこえしめたのであった。それにしても、易行道（いぎょうどう）の真宗の道が、いかにやさしくてけわしいことであるか。私は深い感激と、顧みて浅薄なる自己の姿に、慚愧（ざんぎ）の面が上げられなかった。

（『武内義範著作集』第一巻、二五三～二五四頁）

和三郎さんはそれまでも熱心なご門徒だったのですが、ここに記されている時に、まさに「捨機託法」されたのです。浄土真宗で回心（えしん）とか宗教的経験ということをいうなら、こういうものだと私は思います。

ここでお話をなさっているのは、まだ若い学生さんの武内先生ですし、聞いているのは七十歳を超えた年配の和三郎さんです。和三郎さんは武内先生の言葉を、若い学生さんの言葉として聞いているわけではありません。武内先生が伝えられた「他力ですよ、他力ということを忘れてはなりません」という言葉を、近角先生の、さらには近角先生をも超えた真実の言葉として聞いておられるのです。この言葉の中に、和三郎さんは、自分のはからいや捉われといったものをすべて捨てさせるものを聞かれたのです。それと同時に、自分のすべてを受け入れてくださる力をも感得されたのです。そういうことが信心ということであり、また信心開発ということです。

親鸞聖人が、私たちに伝えようとなさったことは、このことであったのです。人間が自分のはからい、自分の能力、自分の捉われというものにとどまっているかぎり、真実の信心はひらかれてきません。どんなに微細なものであっても、それがあるかぎり如来の真実は私たちの心にはとどきません。

如来の真実が私たちの心にとどくのは、私たちがそうした自分のはからいや捉われを捨てて、本願のはたらきに帰した時であり、また本願のはたらきに帰することによって、自分のはからいや捉われがすべて捨てられるのです。捉われを捨てるといっても、自分で努力して捨てるということではありません。本願に帰することによって捨てることができるのであり、本当に捉われを捨てた時は本願に帰した時です。捉われを捨てることと本願に帰することとは、ひとつのことです。

和三郎さんはこのことに気づかれたのです。それまでもおそらく懸命に聴聞を重ねておられたことでしょう。しかしそれでも、「他力」ということに気づかなかった、そのことにいま気づいたというのです。気づかなかったことに気づくという、まさにそこに信心開発ということがあるのです。武内先生は、「易行道の真宗の道の、いかにやさしくてけわしいことであるか」と記されていますが、浄土真宗の教えというものはまことに容易なようで困難な道と言えましょう。

人生の出会い——念仏の人

よきひとの仰せ

武内義範先生の和三郎さんの話の中には、浄土真宗での宗教的経験の肝心なことがあらわれています。それは、そうした信心開発にいたるには、「よきひと（善知識）」の真実の言葉というものが、決定的に重要だということです。もとより、人間の語る言葉がすべて真実ではありません。むしろ日常では、私たちはほとんど真実でない言葉しか語っていないと言ってもよいでしょう。「妄語・綺語・両舌・悪口」といわれるように、うそいつわり、かざりたてた言葉、二枚舌、わるくちなど、人を傷つけたり困らせたり、場合によっては死にいたらせるようなことさえ言うことがあります。それに対して、私たちを永遠の生命へ導く教えは、真実にふれた人（よきひと）の語る真実の言葉で伝えられるのです。

その真実の言葉、それは究極のところ「南無阿弥陀仏」という言葉であると言ってよいでしょう。その「南無阿弥陀仏」は、時と場合でいろいろに語られます。先に記した近角先生の「他力ですよ」という言葉も、それにほかなりません。「南無阿弥陀仏」は呪文ではありませんから、いつも「南無阿弥陀仏」ではなく、そのこころがさまざまの言葉となって表現されます。「帰命尽十方無礙光如来」でもあり、「南無不可思議光如来」でもあります。また親鸞聖人は「本願招喚の勅命」(『教行信証』「行巻」、『註釈版聖典』一七〇頁)といわれ、善導大師は「二河白道の譬喩」の中で、

なんぢ一心に正念にしてただちに来れ、われよくなんぢを護らん。

(「散善義」、「信巻」引用文、『註釈版聖典』二二四頁)

とおっしゃっています。どんな言葉で言われても、それが私たちに「すべてはか

らいを捨てて本願に帰する」ことを喚びかけているならば、それは「南無阿弥陀仏」です。そしてそれを伝える人こそ「善知識」と申せましょう。親鸞聖人が法然聖人のことを「よきひと」と讃仰されたのは、聖人にとって法然聖人は、本願の念仏を伝えられた善知識であったからです。その「よきひとの仰せ」が私たちを生命の源へ導くのです。

人間の言葉が真実の言葉として語られるのは、この時だけです。よく知られている、

煩悩具足の凡夫、火宅無常の世界は、よろづのこと、みなもつてそらごとたはごと、まことあることなきに、ただ念仏のみぞまことにておはします

（『歎異抄』「後序」、『註釈版聖典』八五三～八五四頁）

という聖人のお言葉は、それをいっていると言ってよいでしょう。

　宗教的体験は日常的な経験とは異質ではあっても、決して異常な経験ではないと申しましたが、それは、こうした経験に似たことは他の場合にも起こるからです。立派な指導者に会って心からその人を信頼し、生涯その人を師として指導を受けるというようなことは、学問や芸術、あるいは一般の仕事の場合にもあることです。ただそういう経験と宗教的経験の異なるところは、そこでの問題が「生死出離（この迷いの世界を離れる）」にかかわるという点です。

「よきひと」との出会いと、そこで語られる真実の言葉によって、私たちが「生死輪廻」から解放され、永遠の生命をえる道に導かれるということは、宗教的経験においてだけ可能なことです。もとより、一人ひとりの経験は別々のものですから、すべて同じかたちの経験ではありません。師と仰ぐ人から直接教えを聞く場合もあるし、書かれたものを読んで気づく場合もありましょう。耳の底に残っていた師の言葉が、ある時、ふとよみがえって、そこで初めて教えの根本にふれるということもありえます。いずれにしても、それを通して私たちが、自己を捨てて本願に帰する時、そこに浄土真宗の宗教的経験が現前しているのです。

出会い

浄土真宗の宗教的経験について、もう一つの生きた例を紹介しましょう。それは、もう亡くなりましたが、以前に真宗大谷派の大谷専修学院の院長をしておられた信國淳先生（一九〇四―一九八〇）の『いのちは誰のものか―呼応の教育―』という本の中に記されている「出会い」という文章です。この文章は、『親鸞に出遇った人びと』第五巻にも再録されていますが、この文章から私は深い感銘を受け、いつまでも忘れることのできないものとなっています。私は、何度も何度もこの文章を読みましたが、「遇う」とはどういうことかということを、これほど見事に、これほど立派な言葉で書かれているものをほかに知りません。ごく短い文章ですけれども、「聞思して遅慮することなかれ」（『教行信証』「総序」、『註釈版聖典』一三二頁）という出会いが、この信國先生の「出会い」という文章に実に見事に語られています。ここにもやはり、浄土の教えの神髄が語られていると思うのです。
信國先生はこのように書いていらっしゃいます。長くなりますが、過不足のない本当に立派な文章ですので、できるだけ原文を紹介したいと思います。

私もやがて六十歳になるのであるが、今、自分の過ぎ経て来た生活の跡を振り返ってみて、そこに自分として何一つ仕出かしたという事もみつからぬので、こんなことでよかったのかと、今更（いまさら）追いつかぬ話ながら、自分でも思ってみたりするくらいである。しかしそんな私にも、その六十年の生活の或（あ）る時期に、一つの「新しい生」とでも言わねばならぬものが、ふと生活そのものの底から立ち現われ、それが私のために、私自身の生きるべき一つの確実な道になり、爾来（じらい）ずっとその道を私が歩み続けて今日に到っているということだけは、今にして私にいよいよはっきりしてきた事実である。

（『親鸞に出遇った人びと』第五巻、四三頁）

還暦に近くなられた頃の信國先生が、過去を振り返って、そこにある時期からまっすぐに歩んでこられた一筋の道のあることを、あらためて確認なさっているのです。

それは、むろん、私の自らきり開いた道というものではないが、確かに私に与えられて私に開け、私が身をもって出遇ってきた一筋のいのちの道であったことは間違いなく、（中略）私がたまたま此の世に生まれ、ここで何か自分で「生きた」ということがあるとするなら、私にはただそのような道に私が出遇い、その道をいちずに歩み、いまなお歩み続けているという、そのこと一つがあるだけである。

（『同』四三～四四頁）

とおっしゃっています。ここには、実に見事に新しい生の開けというものが語られているように思います。よく見られる信仰告白のように、おおげさな感情過多の言葉ではなく、控えめに静かに語られている文章ですが、宗教的な生の肝心なことを、これほど見事にあらわされたものを私は多く知りません。

> その道は私にとり、「人」（希有な「人」、生きた「念仏者」）との出遇いから始まったと言わねばならぬ。何かにつけ、自分が自分で持ちきれず、自分自身が自分にとって不安であり、ややもすると自分と自分自身との間にずれが生じるので、始終自分自身の前で浮き足立った恰好で生きるよりなかったその頃に、——私にもなおいくらかの青春の残っていたその頃に、私は不図その「人」に出遇ったのである。
> （『同』四四頁、括弧内引用者）

誰にも経験のある混乱と動揺の青春期に会うべくして会う、それが本当の出会いなのでしょう。

その「念仏の人」に会い、その「人」を間近に見、その「人」の語る言葉を初めて聞いたそのことが、私のすべてを一挙に決定したのである。（同頁）

その出会いを、先生は次のように書かれています。

私は、「その人」に出会ったその夜、――それは恰度（ちょうど）、冬のさなかの、ものみな凍てつくかと思えるほどの厳しい寒さの夜であったが、――家に帰って、昂奮（こうふん）して、妻に向ってしゃべり散らした自分の言葉を今思い出して、その異様さに、自分ながらちょっと驚かざるをえない。

「……私は浄土に往く。浄土が何処（どこ）かにあって往くというのではない。浄土を思想的に考えたり、観照的に捉えたりして、そこへ往くというのでも毛頭（もうとう）ない。私が浄土へ往くという理由は簡単だ。私は今夜、念仏して浄土に往く人、を見て来たんだ。この眼ではっきり見て来たんだ。ただそれだけ。それでも充分。私はこの人を信じる。だから、私も浄土に往く、とこういうことなんだ、さあ、君はどうするか？　君も私と一緒に往くか？　どうするか？……しかし、それは君自身の決定すべき問題だ。とにかく私は浄土に往く」

（四五頁）

この言葉を、先生自身が「その異様さに、自分ながらちょっと驚かざるをえない」といわれていますが、しかしそこにはまぎれもない一つの事実が語られています。親鸞聖人が法然聖人に出会われて、

たとひ法然聖人にすかされまゐらせて、念仏して地獄におちたりとも、さらに後悔すべからず候ふ。

（『歎異抄』第二条、『註釈版聖典』八三二頁）

と言われたそのお気持ちと違わない気持ちが、ここには記されています。先生は

さらにこういわれます。

この多少狂気染みた私の言葉も、今これを改めて考えてみると、これはこれなりに、その時の私の上に起っていた、一つの「新しい生」の胎動というか、何かそういうものの表現に、或い(ある)はすでになっていたかと思えるのである。つまり私には、私の私自身を超えて生きるいのちの道というものが、私自身の知らぬ間に、どうやらそういう形を取りながら、私の具体的な生活のただ中で、すでに自発的に、それ自身から、開け始めていたのではないかと思えるのである。そして右の私の言葉も、またそれなりに、その私の身に起っていた一つの「新しい生」の予徴であり、その意味で、すでに「新しい生」そのものの自己表現にほかならなかったのではないかと思えるのである。

（『親鸞に出遇った人びと』第五巻、四五～四六頁）

新しい生

「教え」との出遇い、その「教え」を体得した「よき人」との出会いというものは、こういうものではないでしょうか。親鸞聖人が法然聖人に出会われた時のお気持ちも、まさにこういうものであったかと思われます。信國先生の「私は念仏して浄土に往く人を見た」、「私はこの人を信じる」という言葉には、その言葉を超えた動かすことのできない真実というものがこめられています。このように言わざるをえないけれども、そこで言おうとされていることは、その表現を超えた言葉にならない真実なのです。あるいは深い感動と言ってよいかもしれません。自分を根底から動かし、新しくつくりかえる真実、それが「人」となって目の前にいるという感動、それがここに書かれているのです。

その「人」に出会って見て、私の久しく求めていた「人」が、遂に「この人」だったということを、私は初めて確認出来たのである。

(『同』四四頁)

と先生は記されています。

信國先生のいわれているこの「念仏の人」とは、よく知られている池山栄吉先生（一八七二―一九三八）のことであろうと思います。信國先生は大谷大学のフランス語の先生でしたが、その師である池山栄吉先生は同じ大谷大学のドイツ語の先生で、三十歳ほどお歳が違います。池山先生は、東京でおそらく近角常観先生（一八七〇―一九四一）のご指導で念仏門に帰せられた。そして、その当時の多くの学生たちをはじめ、多くの人に大きな影響を残されましたが、その影響はずっといまも残っています。東昇先生（一九一二―一九八二）や西元宗助先生（一九〇九―一九九〇）、川畑愛義先生（一九〇五―二〇〇五）もそうです。

そういう方々が池山先生のお話を聞き、その教えに触れておられます。どうして、そのように池山先生から多くの人たちが育たれたのか。教えそのものは少しも変わりません。それぞれの出会いは、それぞれの時・場所・人というものをもっています。それはそれでかけがえのないものであり、動かしえないものです。

信國先生にとっては、このようにして出会われた池山先生は「よき人」であり、終生の師であったでありましょう。しかし、それがそのまま誰にもあてはまるというものではありません。

ここで大切なことは、信國先生を動かしたのは池山先生の人柄とか指導力とかいうものではないということです。信國先生も書いておられるように、この池山先生との出会いによって、信國先生自身を超えて生きるいのちの道が、先生の知らぬ間に、先生の生活のただ中に、自発的に開け始めていたことが明らかになったのです。私たちが学ぶどんな師でも、『歎異抄』や『教行信証』から学ばれている。教えそのものは変わりませんが、伝えられる教えの中に生命が通っているかどうかという問題です。この自分を超えたいのちの道の開け、それがこの時、この人との出会いをきっかけとして、自覚にのぼるということなのです。「出会い」ということの意味はそこにあると言えましょう。

人間は眼に見えるもの、耳に聞こえるものに捉われ、それに頼ろうとします。

しかし感覚に与えられるものは、本当に頼るべきものではありません。どれほどすぐれた人であっても、人間であるかぎり他の人を導くことはできません。人を導くのは、人間を超えた「教え」であり「道」なのです。それは人間の言葉で伝えられ、人によって語られます。しかし、人間が人間を導くのではありません。したがってこの場合、それを語る人がその「教え」を自らのものとしているかどうかが、決定的に大切なことなのです。この自分を超えたいのちの道の開け、それがこの時、この人との出会いをきっかけとして、自覚にのぼるということなのです。「出会い」ということの意味はそこにあると言えましょう。信國先生を心の底から揺り動かしたのは、池山先生自身が本当にいのちの道を歩む「念仏の人」であったからであり、「念仏の人」である池山先生を信國先生は信じられたのです。

このことが誤解されてはなりません。

親鸞聖人は『教行信証』「総序」に、

たまたま行信を獲ば、遠く宿縁を慶べ。

（『註釈版聖典』一三二頁）

とおっしゃっています。聖人も法然聖人の導きによって本願念仏の道に帰入された時、その道が遠い昔から自分のために用意されていたのだとお思いになったに違いありません。確かに法然聖人によって教え導かれたのではあるけれども、それはすでに準備され、自ずから開けるべくして開かれた道であったのです。それだからこそ親鸞聖人は、

弥陀の五劫思惟の願をよくよく案ずれば、ひとへに親鸞一人がためなりけり。

（『歎異抄』「後序」、『同』八五三頁）

と言われたのです。

浄土の教えに善知識によって導かれることは、決して個人崇拝ではありません。

「この人の歩んだ道を私も歩む」というと、何か個人を絶対化しているように見えますが、その道は個人の開いたものではなく、如来（目覚めた人）によって明らかにされた真実の道なのであり、その道を歩む人たちによって次々に伝えられていく道なのです。だからこそ、親鸞聖人は法然聖人を還相の菩薩と仰がれ、み仏の化現と見られたのです。

信國先生は、最後にこう書いておられます。

ところで、そうして喋(しゃべ)り続ける私の言葉を、私の前で、じっと頭を垂れて拝聴していたかに見えた妻が、その時、私が右のように言い終えるか終えぬかに、「わあ！」と大声あげて泣き出したのには、実はこちらの方が、思わず息をひそめねばならぬほどびっくりした。そしてそれが、後にも先にも私の見た、たった一度の妻の慟哭(どうこく)——と言ってしまっては、愚妻なお健在中の今日として、いささか厳密を欠く嫌いがあるわけだが、或いは事実そういうことになるかも知れず、何にしても一応そういうことにしておいて、この回想を終ることにいたしましょう。

（『親鸞に出遇った人びと』第五巻、四六頁）

信國先生が思いを定められた気持ちを語られるその言葉を聞いて、深く感動された夫人のお心が、少したぬらいながら記しておられる先生のこの文章を通して、私たちにも伝わってきます。その時の夫人のお気持ちは、説明する必要はないことでしょう。最も身近な夫に起こった大きな精神的転機を直接耳にして、夫人ご自身も心を動かさずにはおれなかったのでありましょう。いやそれは、人ごとではなくて自分自身のこととお聞きになったのかもしれません。「教え」によって人がよみがえるということは、それほど大きな力をもつものなのです。

いずれにせよ、宗教的経験とは、決して異常な、精神的な錯乱といったものではなく、迷ったり絶望したりしている人間を新たによみがえらせ、本当に「生きている」という自覚を与え、自分の人生はこのことのためにあるのだと確信させるような道へ導くものであるということが、この信國先生の文章からも理解することができましょう。

歓喜と懺悔の人生

宗教的生

それでは、こうした宗教的経験を通してどのような生が開かれてくるのでしょうか。宗教的経験そのものは一つの転機であり、そこにどのような大きな感動や喜びがあっても、それはそのままいつまでも持続するものではありません。私たちは生きているかぎり、日常生活へもどってこなければならないのです。ただその日常生活は、宗教的な転機以前のままではありません。といっても浄土門では、別に後光のさすような聖者の生活ではありませんが、そこにはやはり「新しい生」というべきものが成立するのです。それは、信國先生もいわれているように、与えられた「道」を「一途に歩み続ける」というような、ゆるぎのない生と言ってよいでしょう。

アメリカの哲学者であり、また心理学者でもあったウィリアム・ジェイムズ（一八四二―一九一〇）は、その『宗教的経験の諸相』という有名な著書の中で、こういうことを言っています。宗教的な人間とはどういう人をいうのかというと、それは、

霊的な感情をいつでも人格的エネルギーの中心としているような人のことである。

（『宗教的経験の諸相』下、二八頁、岩波文庫）

あるいは、スターバック（一八六六―一九四七）という人の言葉を引いて、こうも言っています。宗教的な態度を確立した人は、

その宗教的感激がどれほど衰えることがあろうとも、あくまでも宗教生活を自己の生活と感ずる傾向がある。

（『宗教的経験の諸相』上、三八八頁、岩波文庫）

宗教的生活とは、自分の生き方、ものの見方や受け取り方、いろいろな場合の態度のとり方などにおいて、その中心において宗教的な考え方が確固とした位置を占めているということです。もちろん人間は、社会生活を営む上で、多くのことにかかわらなければなりません。家庭や会社、地域社会などで、それぞれの役割を果すことは当然のことです。しかし、そうした立場を離れて、自己自身の根本的なあり方というところで、宗教的人間はその最後の依りどころを宗教的な世界に見いだしているのです。

自分を捨てる

宗教的経験ということから、そこに開かれてくる宗教的生について述べてきましたが、最後に浄土の教えに生きる私たちの宗教的生というものはどのようなものかということを、もう少し立ち入って考えてみなければなりません。その場合にも「二種深信」ということが、大きな意味をもってきます。

先に紹介した武内義範先生とともに、私が学生時代からずっとお導きいただいたのは西谷啓治（けいじ）先生（一九〇〇―一九九〇）です。西谷先生は世界的にも著名な哲学者で、多くのすぐれた業績を残されていますが、それらの著作の中で、とくに私の心を捉えてはなさないのは、先生の随想集である『風のこころ』（『西谷啓治著作集』第二〇巻所収）という本に収められた「信仰といふこと」という文章です。

そこで先生は、信仰にはいつでも「自分を捨てる」ということがなければならないといわれています。「自分を捨てる」とは、「神とか仏とかに自分のすべてをうちまかせて、神の生命或いは仏のいのちに生かされる」ということであるが、そのことの難しさが信仰の難しさであるということを、実にみごとに語っていらっしゃいます。

西谷先生はこういわれています。

一般に人間は、さういふふうに自分を捨てて神に仕へる生活、仏に仕へる生活に入つたといふ場合でも、そして自分でもさう思ひ、他の人々にもさう思はれる場合でも、なかなか本当には自分といふものが捨て切れない。神とか仏とかに仕へるといふこととは正反対な、我意我欲がたえず頭をもたげて来る。だから東洋でも西洋でも、聖者といはれる人々の多くは、信仰の生活に入つた後でも、禁欲的苦行をして我意我欲と闘ふことに専心したのである。併(しか)しさういふ表面に現はれてくる我意我欲のみならず、もつと隠れた所にほ問題が残されてゐる。つまり、自分を捨てて神に仕へ仏に仕へるといふ生活のうちに、何か自分が他の人々の達しえない高い所に達したといふ意識、他よりも勝れたものになつたといふ誇りの気持が現はれてくるといふことである。(中略)自分を捨てて神に仕へるといふその事が、再び自分が自分に仕へるといふ意味へ戻つて来るといふことである。自分を神や仏とかに献げるといふことが、知らず知らずいつの間にか神や仏を自分自身に献げ、神や仏を私してゐるといふ形になる。神や仏を笠に着るといふ形になる。そして信仰をもたない者や異教徒の者を見下すやうになる。浄土門でいはれる「本願ぼこり」である。

（『西谷啓治著作集』第二〇巻、四六～四七頁）

本願ぼこり

「本願ぼこり」は『歎異抄』第十三条に出てくる言葉ですが、一般に「本願にあまえてつけあがる」ということで、罪悪深重の自分をほったらかしにして、本願をかつぎまわるというような、一つの捉われを意味します。西谷先生は、そういう態度はどの宗教にも起こりうることで、

信仰といふことのうちに、自分と他とを比較する意識があり、いはゆる「勝他」の気持がある限り、神とか仏とかを私してゐるやうな心状、誇り高ぶる高慢の心が必然的に現はれてくる

（『同』四七頁）

といわれ、さらに、

信仰といはれるもののうちに信仰以前の心、信仰とは反対の心が出て来ることである。自分を捨てたといふ立場が一層深い「我」の立場になるといふことである。さうなりやすいところに、信仰の難しさがあり、信仰といふものが、きびしさの上にもきびしさを要求するところがあると思はれる。

（『同』四七〜四八頁）

とおっしゃっています。

このように、

信仰の生活といはれるものの根底から、信仰とはおよそ反対のもの、反信仰的なもの、即ち我欲とか、権力欲、名誉欲、利欲とかいふやうなものが、信仰の衣を着て出て来る。

（『同』四八頁）

といわれるような堕落の源は、「信仰といふものの難しさ、自分を捨てるといふ道のきびしさが忘れられて来ることにある」（同頁）のであり、そういう信仰の内部にひそむ逆転の危険に対して、宗教はつねに用心深くいましめてきたのです。

そして浄土門においては、

自分が極悪人だと自覚すること、或いはむしろ自覚せしめられることが、信の根本的な一契機になつてゐる。それらの事はいづれも信仰による高ぶりの危険を破り、信仰を正しい信仰に導く道を意味してゐる。

（同頁）

とされています。ここでいわれているのは「機の深信」のことで、それが浄土真宗では、「法の深信」とともに「信心」の内容になっていることは、先に述べたとおりです。

増上慢と卑下慢

そこで、そういう信仰の内部にひそむ高ぶりの危険を最も深く敏感に感じ、またそこで「自分を捨てる」ということを最も厳しく遂行していった人として、西谷先生があげられるのはアシジの聖フランシス（一一八二―一二二六）です。フランシスはキリスト教の聖者で、日本では鎌倉時代にあたる頃の人です。彼は、若い頃は放蕩（ほうとう）な生活をしていましたが、戦いに参加して負傷したり重い病気にかかったりして、心をひるがえし信仰の道を進むようになったのです。その彼が、信仰の生活において、どのように「自分を捨てる」ということを徹底していったかを示すものとして、西谷先生は、フランシスが弟子レオに話した説教のエピソードを紹介されています。そして、人間に誇りと歓びを与へるすべての貴いもの、聖者の道、奇跡を行ふ力、いろいろな智恵、いろいろな科学、さらには宗教的な教化活動すらを含めて、そこには完全な歓びはないといふこと、そして完全な歓びは、自分が世間をだまして施物を盗む極道者だといふ自覚、それゆゑあらゆる苦痛や恥辱や虐待を神からの賜物として、喜んで受け取るといふ忍耐、謙遜、愛にあるといふことを語つてゐるのである。

（『同』五〇頁）

といわれ、さらに、

さういふところまで徹底して初めて、本当に自分を捨てて神に仕へるといふことになり得るのかと思はれる。

（『同』五〇〜五一頁）

とおっしゃっています。

フランシスはキリスト教の聖者ですから、このような表現になっていますが、「完全な歓び」とは本当の宗教的な境地ということであり、親鸞聖人の教えで言えば、『教行信証』「行巻」でいわれる「歓喜地（かんぎじ）」ということにあたると言ってよいでしょう。先に言ったように、信仰の生活の真の喜びは、心の底の深いところにあるおごりや高ぶりから離れて、謙虚な生き方に徹底するところに生まれるものであり、それは、自分が「罪悪深重の凡夫」であることを信知する、あるいは信知せしめられるところに生じるということなのです。それが「機の深信」であることは重ねて言うまでもないでしょう。

しかし、さらにもう一つ、

さういふ謙遜の心（中略）も、それが信仰的反省のきびしさを欠く場合には、また高ぶりに変はるといふことも可能である。

（『同』五一頁）

と西谷先生は指摘されています。すなわち「本願ぼこり」とは逆に、自分は極悪人である、罪人であるということを誇るというか、それに居直るというか、いわば「悪人ぼこり」「罪人ぼこり」の心状がでてくるのです。前者の増上慢（ぞうじょうまん）に対して、卑下慢（ひげまん）というかたちでの「我」のあらわれです。

西谷先生は、「我」というものは「法の深信」の衣を着てもあらわれうるし、「機の深信」の衣を着てもあらわれうる、といわれています。これは、人間の宗教的意識の非常に深いところまでに達する洞察であると言えましょう。自分は悪人だということに捉われ、それから一歩も出ないで、頑固に自己を主張するという態度です。それを破るのは何かと言えば、本願のはたらきはいかなる悪人をも救済するという、教えへの全面的な信頼しかありません。すなわち「法の深信」です。このように浄土真宗の教えは、「本願ぼこり」と「悪人ぼこり」との二様の捉われを根本的に破って、本当に徹底的に如来の本願のはたらきに委託することが、私たちの歩むべき道であることを示しているのです。

また、西谷先生は、フランシスが「主よ、汝の御心のままになし給へ」という気持ちを経験して、その即座に自分が救われたと感じたという話を記され、「そこが、彼が自己を全く捨て切つた所であつたかと思はれる」(『同』五二頁)として、そこにまた、親鸞聖人が「自然法爾(じねんほうに)」といわれたようなところが感じられるといわれています。そして、

信仰といふことは、最後には、「自然」に帰り、「自然」のままになり果てることともいへる。単純である信仰のきびしさは、結局単純へ帰ることのきびしさではないか。

(『同』五二〜五三頁)

と述べられています。そして最後に、

「自然」の安らかさに帰ることの難しさ、もともとの「ありのまま」に帰るこ

との難しさであらう。それは「この身のままで」救はれると信ずることの難しさでもあ(る。)

(『同』五三頁、括弧内引用者)

とおっしゃっています。

信心の生活

信仰の生活のきびしさということを多く申しましたが、もとより私たちのすべてが、フランシスのように、徹底した信仰の生活をすることができるというわけではありません。それどころか、親鸞聖人の教えを聞いていても、日常では本当にお粗末な生き方しかできないというのが、私たちのいつわりのない現状です。

しかし、親鸞聖人の導きを受け、その道を歩もうとする者である以上、聖人がどういう道を指し示していらっしゃるかを知らなければなりません。「他力易行道」といわれながら、同時に「往き易くして人なし」(『大無量寿経』、『註釈版聖典』五四頁）といわれるのはなぜなのか。それは、私たちの心の奥底に容易に捨て切れない「自分」というものがあるからです。その自分が本当に捨てられるところ、いや、本願のはたらきによって捨てさせられるところが「信心開発」であり、「機法二種の深信」が「深心（じんしん）」として成ずるところなのです。

昔から「至心信楽（ししんしんぎょう）、己れを忘れて弥陀をたのむ」ということを申します。親鸞聖人も、

　ともかくもはからはで、ただ願力（がんりき）にまかせてこそ
（『親鸞聖人御消息』第四通、『註釈版聖典』七四三頁）

とおっしゃっています。そこでは、浄土往生は凡夫のはからいですべきことではないといわれているのですが、それだけでなく、念仏門においては、およそ「はからい」があってはならないことをくりかえして教えておられます。「自然」と

いうことも、

行者のよからんともあしからんともおもはぬを、自然とは申すぞとききて候ふ。

（『親鸞聖人御消息』第十四通、『註釈版聖典』七六九頁）

と記されています。そのように徹底して自分を捨てていくところにこそ、罪業深重の私たちが救われていく「無礙の一道」（『歎異抄』第七条、『註釈版聖典』八三六頁）があることを思わずにはおれません。

第二章　親鸞聖人に導かれて

人生の転機—本願まこと

うそとまこと

近頃、ふと思いだします。

昔、海軍の学校にいた頃、「五省（ごせい）」ということがありました。そのはじめは「一、至誠（しせい）に悖（もと）る勿（な）かりしか」という言葉でした。次に、

一、言行に恥ずる勿かりしか
一、気力に缺（か）くる勿かりしか
一、努力に憾（うら）み勿かりしか
一、不精（ぶしょう）に亘（わた）る勿かりしか

と続くのですが、学生たちは毎日、それを繰り返して唱えていたように思います。
日本人は「まこと」が大好きです。中村雄二郎（一九二五―二〇一七）という哲学者は、日本人の最高の徳目は「まこと」であり、父母・兄弟・友人など、誰に対しても「まこと」を尽くすことができたならば、たとえ法律を破ってもかまわないとさえ思っているといわれています。軍隊の学校で、学生たちが第一に「至誠に悖る勿かりしか」と言って反省していたのは、そうした日本人の考え方の伝統にしたがっていたのでしょう。

いまでも、男女を問わず結婚相手の第一の条件は、「誠実な人」ということのようです。うそをつく、うらぎる、だます、というようなことは、人間として最も恥ずべきことと見なされます。そういう人を、人生の伴侶にしたくないというのでしょう。

私たちは、日常、いつも自分を省みて、誠実であったかどうかを反省しなければならないということになります。

そういう日本人一般の考え方に対して、まったく異なったことをおっしゃったのが親鸞聖人ではなかったのでしょうか。

聖人も「まこと」をもとめてやまなかった方ですが、浄土の教えに遇われて、人間には「まこと」がないことに気づかれたのです。

浄土真宗に帰すれども
真実の心はありがたし
虚仮不実のわが身にて
清浄の心もさらになし

（『正像末和讃』、『註釈版聖典』六一七頁）

には、「まこと」がわが身にはないことを痛切にうたっていらっしゃいます。聖人の目は、私たちの本当のすがたにとどいているのです。

差し向けられたまこと

戦争が終わって、初めて親鸞聖人の教えに耳を傾けた時、私の心を深く打ったのは、

> 煩悩具足(ぼんのうぐそく)の凡夫(ぼんぶ)、火宅無常(かたくむじょう)の世界(せかい)は、よろづのこと、みなもつてそらごとたはごと、まことあることなきに、ただ念仏(ねんぶつ)のみぞまことにておはします
>
> (『註釈版聖典』八五三～八五四頁)

という『歎異抄』「後序」の言葉でした。

その時まで、日本の国は神の国できっと戦争には勝つのだと教えられてきましたが、それがまったくうそいつわりで、とことん負けていたということが明らかになりました。また国中どこもかも戦災で荒廃していましたが、それは「火宅無常の世界」にほかなりませんでした。たよるべきなにものもなく、信ずべき何者

もないというのが、当時のありさまでした。そういう外の世界と対応して、自分自身の心の中も、偽りにみちたもの、まさに「煩悩具足の凡夫」だということも、だんだん明らかになってきました。「まこと」は外にも内にもないということがはっきりしてきた時、初めて「ただ念仏のみぞまこと」という言葉が私に迫ってきたのです。

「まこと」のひとかけらもない私に、阿弥陀さまから差し向けられた「まこと」、それが本願の名号です。

親鸞聖人が、第十八願成就文を、

あらゆる衆生、その名号を聞きて信心歓喜せんこと、乃至一念せん。至心に回向せしめたまへり。

（「信巻」、『註釈版聖典』二一二頁）

とお読みになったのは、その事実をふまえていらっしゃったのです。

無慚無愧のこの身にて
　まことのこころはなけれども
弥陀の回向の御名なれば
功徳は十方にみちたまふ

（『正像末和讃』、『註釈版聖典』六一七頁）

という和讃は、聖人のそのお気持ちをよくあらわしています。

毎年八月になると、あの暑い瀬戸内の海と、抜けるように青かった広島の空を思いだします。爆撃でひっくりかえった軍艦が、あちこちに残骸をさらしていました。荒涼とした瓦礫ばかりの広島の町を、原爆で負傷して包帯をした人が歩いていました。遠い記憶ですが、思い出すと鮮明にそのありさまが浮かんできます。

五十年以上もたって、いったい人間とは何なんだろうと考えます。

「火宅無常の世界・煩悩具足の凡夫」に「まこと」がないことは、いまも昔も少しも変わってはいません。そして、本願の名号だけが「まこと」であることも変わってはいません。

回向したまへり

もし、親鸞聖人がいらっしゃらなかったらどうなったか、ということをよく考えます。聖人がいらっしゃらなければ浄土真宗が成立しなかったとか、『教行信証』がなかったとかいうことではなくて、私たちの生き方とか、精神生活ということに関して、まったく違ったことになっていたのではないかと思います。

同窓会などで友人たちに会うと、なんとなくその人の考え方というものがわかります。それぞれ社会的には立派な仕事をしているのですが、その心というか、考え方というものは少年時代とあまり変わらないように思うのです。しかし、私の方はすっかり変わってしまっています。そんなことは友人には言いませんが、ものの考え方がまるでちがったものになってしまっているのです。そして、そうなってしまったことの中心に、親鸞聖人がいらっしゃるように思います。ふつうとはまったく違う考え方を聖人がなさっていて、私はそれに決定的に影響されたということなのです。

私たちは「信心正因（しんじんしょういん）」とか、「悪人正機（あくにんしょうき）」ということを当たり前のように聞いていますが、もし親鸞聖人がそういうことをおっしゃらなかったら、私たちはそういう教えにふれることはできなかったのではないでしょうか。聖人の教えは決して当たり前のことではありません。

当たり前のことと言えば、人間は一生懸命努力しなければならない、努力してこそ道はひらけるとか、苦しみから脱却することができるという教えは当然の教えであって、ふつうはみなそう考えています。友人たちも口にだして言いはしませんが、だいたいそういうふうに考えていることはわかります。

仏教でも、

諸悪莫作（まくさ）　衆善（しゅぜん）奉行

自浄其意　是諸仏教
（もろもろの悪を作すこと莫く　もろもろの善を奉行し
自ら其の意を浄くす　是がもろもろの仏の教えなり）

が通則です。悪をなさない、善をめざす、そして心を浄めるというのが、諸仏の教えであると言われるのです。

『大無量寿経』でも、いちばん中心の第十八願の願文をそのまま読めば、「至心信楽、欲生我国、乃至十念」であり、衆生がまごころこめて信じよろこび、浄土へ生まれようと願って、わずか十回でも念仏をすれば、浄土に生まれるということが誓われているのであって、そこには人間のなすべきこととして、まごころこめて信じることと称名することとが述べられています。

しかし親鸞聖人は、『大無量寿経』下巻の、

聞其名号、信心歓喜、乃至一念至心廻向

（『浄土真宗聖典全書㈠　三経七祖篇』四三頁）

という言葉を、

その名号を聞きて信心歓喜せんこと、乃至一念せん。至心に回向せしめたまへり。（至心に回向したまへり。）

（「信巻」、『註釈版聖典』二一二頁、括弧内二五〇頁）

と読み、まごころをこめて信じるのは私たちではなく、そのまごころは如来から回向されるのだと受けとめられました。親鸞聖人の教えはすべてそこから始まっています。私は、この「至心に回向せしめたまへり（したまへり）」という訓点こそ聖人の教えのキーポイントであり、また出発点であると思います。

本願招喚の勅命

先にも触れたように、哲学者の中村雄二郎氏は、日本人の倫理的な徳目の最高位におかれたのは「まこと」であることを指摘していますが、親鸞聖人が求めてやまれなかったのも、やはりその「まこと（真実）」でした。しかし聖人は、その「まこと」が私にはまったくなくて、如来より回向され与えられるものとされたのです。そしてそれが決定的な意味をもったのです。

浄土門でも、半自力・半他力の他の宗派もあります。それは、私たちが一生懸命、称名念仏に励めば如来さまが迎えてくださるという考え方で、非常にわかりやすいと言えましょう。現在でも、浄土宗の人たちが一斉に称名念仏しますと、そこに宗教的雰囲気も生まれ、一種の心理的効果が生じます。私は以前、竹中信常先生（一九一三―一九九二）の追悼の会に出席したことがありますが、浄土宗の方ばかりで、その方たちが一斉に称名されました。それで、称名念仏の宗教的・心理的効果というものがどういうものかということが、少し理解できたように思います。

それに比べると、如来回向の信心ひとつで往生が決定するという教えは、決して理解のたやすいものではありません。しかしそこには、浄土教におけるコペルニクス的転換とも言えるような変革があるのです。

親鸞聖人は、「南無阿弥陀仏」を「本願招喚の勅命」とおっしゃいましたが、そういう理解はそれまでどこにもありませんでした。衆生が称えるものではなくて、如来の喚びかけであるというのは、まさに百八十度の転換です。そこからどういうことが出てくるかと言えば、それは私たちの日常的な考え方を根本的にくつがえすとともに、浄土の教えの普遍的意味というものが一挙にあらわれてくるのです。

如来の喚びかけということを今風に言えば、宇宙からのはたらきかけです。「南無阿弥陀仏」というのは、真如からの、永遠からの、さとりからの、光明からのはたらきかけであると言えば、いつでも、どこでも、誰にでも受けとめられる真実です。それを受けとめることによって、私たちは、自分ではどれほど求めても得られない、しかも求めてやまないまことの心、真実心を得、それによって生死の迷いから出ることができるというのが、親鸞聖人の教えです。

それまでどんな人も明らかにしえなかった、そういう真実にめざめた人が親鸞聖人です。「南無阿弥陀仏」がただ称名の行ということだったら、浄土教の、仏教の限定ということから離れることはできません。「別途不共（べつずふぐ）」といったところで、特殊な教えの一つということにすぎません。普遍への道をひらくことはできないでしょう。

「南無阿弥陀仏」の名号を喚びかけと受けとめることによって、そしてそこに如来のまごころがこめられているということに気づくことによって、親鸞聖人はいかなるものも救われる道を見いだされたのです。親鸞聖人の教えは、そこから糸がつむぎだされるように、一すじに導きだされていったと私は思います。本願・名号・信心・称名・正定聚（しょうじょうじゅ）・浄土往生といったキーワードは、みなひとつに結びついています。宇宙からの、永遠からの、光明からの、さとりからの喚びかけである「南無阿弥陀仏」の名号を語るのが本願の教えです。そして、その喚びかけにめざめそれを受けとめるまことの心として与えられるのが信心であり、その信心をさだめて名号を称えるところに不退転の境地が確立し、同時に生死を超える道への展望がひらかれるのです。

ただお念仏を称えなさいといっても、お念仏って何だということになります。呪文なのかまじないなのかと、若い人は思うでしょう。「南無阿弥陀仏」は、

　なんぢ一心（いっしん）に正念（しょうねん）にしてただちに来（きた）れ、われよくなんぢを護（まも）らん。

（「信巻」、『註釈版聖典』二二四頁）

という喚びかけであり、それを聞いてまことと受けとめ念仏する時、私たちが如来の光の中にいるということが本当にわかった時、私たちは迷いから解放される

のです。

それは、ふつうの考え方、ふつうのものの見方からの大きな転換です。自分の能力を信頼し、一生懸命努力すれば自分なりの生き方をひらいていくことができ、またひらいていかなければならないとする考え方に対して、根本的な変革をせまるものです。親鸞聖人だけが、それをはっきりと教えられたのではないでしょうか。

他人まかせ

親鸞聖人が「他力」という言葉を用いられる時は、「本願力」をいわれる時以外にはありません。「本願力」とは、法蔵菩薩がたてられた本願が成就してはたらきだす力用（りきゆう）のことで、聖人は自らのうちに生き生きとそのはたらきを感じておられたのです。

浄土の教えにおいては、阿弥陀仏の本願のはたらきは最も肝心なことで、それなしには、私たちのような罪悪深重・煩悩熾盛(ぼんのうしじょう)の者は救われようがありません。「他力本願力」は浄土教の根幹なのです。

そうした如来のはたらきが、人間相互についていわれるものではないことは明らかであり、まして他人の力をあてにするなどということとはまったく関係のないことです。しかし今日では、「他力本願」という言葉が、このような意味で用いられていることも否定できません。それはただ単に誤用ということに終わるものではなく、そこにはいろいろな理由があるように思われます。

たとえば、人間は一人では生きられず、他の人に助けられて初めて生きられるとか、いざとなったらお互い助け合わなければならないとか、日常生活では相互援助ということがさかんにいわれます。また、私たちが自分一人で生きているのではなく、他の人やものの助けで「生かされている」ということを強調し、感謝の気持ちをもたなければならないと教えるのは、どの仏教の宗派にも共通のことかもしれません。そのこと自体は間違いではないでしょうが、それと、先に言った親鸞聖人の「他力本願力」ということとはまったく違ったことなのです。

一方では、他のものによって生かされていることを有り難く思いなさいと教え、一方では、他力本願とは他人のことをあてにすることではないといっても、聞いている方はそう明確に区別できないのではないでしょうか。その点をはっきりしないと、仏教はやっぱり他人まかせで、棚からぼたもち式の教えだと誤解されることになります。

本願に帰すとは

親鸞聖人の教えが決して他人まかせをいうものではないことは、聖人の求道のご生涯を思う時、明白です。二十年の比叡山での修行を捨てて法然聖人のところへおもむかれたのは、「いづれの行（ぎょう）もおよびがたき」（『歎異抄』第二条、『註釈版聖典』八三二頁）である自分に気づかれたからであり、それまでに血のにじむようなご苦労があったのです。「生死（しょうじ）出（い）づべき道（みち）」（『恵信尼消息』第一通）を求めての仏道修行の果てに、一切を捨てて本願に帰入された聖人にとって、本願に信順することが他人まかせなどということではないことは言うまでもないことです。私がまかせるのではなく、南無阿弥陀仏の名号となって喚びかけてくださる大きな力のまえに自分を投じ、自分をすてて従うところに、自ずから道が開かれたのです。「よきひと（法然）の仰せをかぶりて、信ずる」（『歎異抄』第二条、『同』八三二頁）ということはそういうことではないでしょうか。

よく知られた一茶（一七六三―一八二八）の句に、

ともかくもあなた任せのとしの暮

（『一茶 父の終焉日記・おらが春他一編』一九三頁、岩波文庫）

というものがあります。この「あなた任せ」は他人まかせということではありません。一茶は浄土真宗の篤信の人で、一年の暮れのどうにもならない状況にかこつけて、人生の真実を語ろうとしたのではないでしょうか。そこには私を包む大きな力にすべてをまかせきった安らかな境地といったものが感じられます。

妙好人（みょうこうにん）といわれる人たちも、長い求道のはてに、すべてを投げ出して「あなた任せ」の心境に到達したに違いありません。自力の迷執から抜け出すことはそれほど難しいことであり、それだからこそ本当に他力本願力に帰した時の喜びは大きかったことでしょう。そういうことに触れえない者にとっては、「他力本願」とは「他人任せ」としか理解できないのかもしれません。

真実の宗教

近代の宗教批判

宗教が真実であるかどうかを明らかにする手がかりの一つは、その宗教がさまざまな角度から批判に耐えうるかどうかにあります。ことに現代は、自然科学の立場からの批判だけではなく、社会科学や人文科学の立場からの宗教批判も多くあり、さらには哲学的見地からの批判、というより、もっとラジカルに宗教を否定する主張も見られます。そうした批判に耐えうる、また否定をのりこえうるものこそ、真実の宗教と言えましょう。

哲学的な見地からの宗教批判は、欧米においては近世の初頭、啓蒙の時代に、主としてキリスト教に対する批判として主張されました。いわゆる理神論がそれです。理神論では、中世の迷妄の時代に信じられていたようなキリスト教の教え、とくに神の啓示や奇蹟といったことはしりぞけられなければならないと主張します。また、天地万物の創造者として神の存在を認めることは不合理ではないが、創造後の世界は自然の必然性に従って動いているので、そこに神の手が加わるというようなことはありえないと言います。要するに、人間の理性的な判断によってうけいれうる以外の宗教の教えを否定しようとするのです。キリスト教による精神的支配を脱して、人間中心、人間至上をとなえた、十六、七世紀のヨーロッパの人びとの最初の宗教批判と言ってよいでしょう。

しかしこうした主張は、宗教を批判する人間の理性の能力そのものを絶対的なものとして、前提にしています。理性にとって受けいれられるかどうかが、真実であるかどうかの規準になっているのです。しかし、理性に果たしてそういう能力、すなわち、宗教が説くような神の存在とか、魂の不滅とか、良心の自由といった問題に判定を下す能力があるのでしょうか。宗教の内容を合理的に構成する前に、まずその理性の能力を検討しなければなりません。それを試みたのが、哲学者のカント（一七二四—一八〇四）です。

カントは、ひろく人間の認識能力全般を検討し、その上で、人間の知的なはたらきとしての理性には、神が存在するかどうかとか、魂が死後も存続するかどうかとか、この世界に始めがあり終わりがあるかとか、古来、形而上学的な問いと言われてきたものに正しく答える能力はないという結論に達しました。人間はそういう問題につよい関心をもち、考えようとする素質をもっているけれども、それについて正しい学問的な答えを与えることはできないと言うのです。それは、それらの問題が人間の直接的な感覚で把えうる範囲を越えているからです。

それでは、こうした形而上学的な問題は、人間にとってまったく無意味であるかと言うと、それは決してそうではなく、理性のもう一つのはたらき、実践的なはたらきの場で、積極的な意味をもつとカントは考えます。理性が実践的にはたらく場とは、道徳の領域で、人間が自らの生き方を自分で律し、為すべきことを為そうとすることをいいます。そこでは、すべての人間が生まれながらにして白由であり、感覚的欲望などによってのみ行為がきめられるわけではないということや、永遠の生において道徳的完成がめざされるということ、さらには、正しい生き方が本当に幸せな生き方となるという考え方を支えるものとして、神の存在を要請するということが意味をもつというのです。

カントの考えは、いろいろな不合理や矛盾をもつと見られていたキリスト教を、道徳的実践の立場から考えなおし、その内容をあらためて理性的に構成しようとしたものと言えましょう。これは宗教の理解として、大きな意味をもつと言わねばなりません。カントは宗教を否定しようとしたのではなく、むしろそれが人間の道徳的行為ということに深く結びついていると考えたのです。さらにカントは、後年には、人間が善への素質を有するにしても、同時に悪への傾向性をもつ存在で、そこに根源悪という問題があり、また精神的な転回が必要だと考えて、宗教の理解をさらに深めています。こういうカントの考えは、宗教についての哲学的理解を大きく進めたと言ってよいでしょう。

カントの後に出たドイツのシュライエルマッハー（一七六八―一八三四）という哲学者は、さらに宗教についての理解を深め、それが学問や道徳とは区別される人間の精神にとって必然的なものとして存在する、第三の領域であることを明らかにしました。カントのように道徳と結びつけてではなく、宗教が独自の存在理由をもつものであることを主張したのです。

　シュライエルマッハーは、宗教の固有の領域を、知識や行為においてではなく、外界のはたらきかけを受けとめる直観や感情において考えようとします。言い換えれば、人間が能動的に外の世界に働きかけて、自然界の構造や事物の関係を知ろうとしたり、あるいは積極的に社会の中でいろいろな行為をしたりするのではなく、むしろ受動的に大自然の直接の作用に身をまかせ、そのはたらきに満たされる、そういうことが宗教の本質だと理解したのです。それを後には、端的に「絶対帰依の感情」と表現しますが、要するに、シュライエルマッハーは、人間がすばらしい自然の世界の風景などに接して、しばしばその雄大さ崇高さにうたれ敬(けい)

虔（けん）な気持ちをもつ、そこに宗教という領域の成立する固有の場を見いだしたと言えます。

シュライエルマッハーのこうした宗教の理解は、宗教が学問や道徳とならんで人間の生の大きな要素であることを明らかにした点で、重要な意味をもつものです。そういう考えの方向から、後にもいくつかのすぐれた宗教論が出る端初をなすものでした。宗教は人間にとって迷妄や錯誤ではなく、精神の不可欠の領域であるという主張は、宗教理解の根本的な態度でなければなりません。その態度が確立してこそ、宗教についての積極的な弁証を試みうるのです。

こうしたシュライエルマッハーの宗教論に対して、まったく反対の立場から、宗教の起源を論じたのがフォイエルバッハ（一八〇四―一八七二）です。『キリスト教の本質』という著作はよく知られたものですが、その着眼点は、宗教は人間が自らの本質を神的なものと見なすところに成立するということです。すなわち、宗教は無限なものを意識することだが、それは人間が自己の無限な本質について意識することにほかならないというのです。たとえば、人間は限りのある知力や能力しかもちませんが、それを無限なものと考えるとそこに全知全能という表現が生まれ、さらにその全知全能の力をもつ神が表象されるというのです。そこから「神学の秘密は人間学である」(『キリスト教の本質』上、一一頁、岩波文庫)という有名な言葉が出てきます。

フォイエルバッハは、こうした観点からキリスト教やさらに宗教一般を批判し、当時の宗教界や思想界に大きな衝撃を与えました。人間が宗教を形成するのは、大自然の前に人間は無力であるからで、その挫折感や依存感が宗教の起源だとする彼の説は、かなり説得力をもつものでした。

しかし、マルクス(一八一八―一八八三)やエンゲルス(一八二〇―一八九五)は、このフォイエルバッハの説は不十分だと考えます。なぜなら、人間はたった一人でこの世界に生きているのではなく、つねに社会の中にあるからです。欲求不満や挫折感がおこるのは、その社会の構造に問題があるからなので、それは搾取(さくしゅ)・

被搾取の関係にほかならないというのです。すなわち、労働者や農民は一日中働きづめに働いてもわずかな報酬しか得られず、一方、地主や資本家は働かずに利益を手にしている。労働者や農民がその矛盾に気づいて不満が生じ、それが蓄積されると社会を変革しようとするエネルギーとなるが、搾取階級はそれを恐れて、僧侶を動員し「貧しい者は幸せだ、天国は君たちのものだ」と説教させ、それによってエネルギーを発散させようとする。したがって、

> 宗教は、抑圧された生きものの嘆息であり、非情な世界の心情であるとともに、精神を失った状態の精神である。それは民衆の阿片である。
>
> （『ユダヤ人問題によせて　ヘーゲル法哲学批判序説』七二頁、岩波文庫）

と主張するのです。

マルキシズムは直接宗教を消滅させようとするのではなく、宗教を必要とする

ような社会を変革しようとするのであり、それが達成されるなら、宗教は自ずからなくなると考えています。それが社会主義社会に共通の宗教観であると言ってよいでしょう。

こうした宗教批判に対して、宗教の立場からはいかに応えうるか、それが現代の問題です。そのポイントの一つは、やはり人間の自己理解、私たちが自分自身をどう捉えるかということにあると言えます。キリスト教の神学者、カール・バルト(一八八六―一九六八)が、人間が罪人であるということと、死すべき存在であるということを知る者なら、神の本質は人間の本質にほかならないというような考えは最も幻想的だと思うであろう、といっていますが、その見方は、私たちの本当の姿を「難化(なんげ)の三機(さんき)、難治(なんち)の三病(さんびょう)」(「信巻」、『註釈版聖典』二九五~二九六頁)とみられた、親鸞聖人の見方につながっています。現実の自分のあり方に気づき、その有限性に直面するならば、宗教的世界が幻想の世界ではなく、むしろ現実の世界が迷妄の世界であると思わずにおれないでしょう。そして、そこに迷妄から脱却する道が求められるのです。

親鸞聖人の宗教理解

親鸞聖人は、『教行信証』「教巻」において、「弥陀の本願」を説く『大無量寿経』こそが凡愚の衆生にとって唯一の真実の教えであることを明らかにされたことは言うまでもありませんが、同時に「方便化身土巻」において、諸経の仮・偽を判定され、聖人独自の宗教批判を展開しておられます。それがどういう意味をもつのかを次に考えてみましょう。

まず『大無量寿経』の真実に対して方便の教えとされるものは、『観無量寿経』と『阿弥陀経』の所説です。親鸞聖人のお考えによれば、これらの経典も表面的な説の背後にかくれた意味があり、それは如来の本願を説いているのであるが、それぞれの経典の文の当面のところは、自らの努力によって浄土往生を願うことを教えている、とされています。すなわち、『観無量寿経』は、菩提心をおこし、もろもろの功徳を修め、誠実に浄土へ生まれることを発願するという『大無量寿経』所説の第十九願に対応する者のための教えで、具体的な内容としては、心を集中して浄土を観じたり、いろいろな道徳的な善を行なったりすることをすすめています。また『阿弥陀経』は、阿弥陀仏の名を聞いて、その浄土に生まれたいと思い、もろもろの徳の本であるその名号を称え、誠実にその功徳を回向して浄土往生を願うという、第二十願に対応する者のための教えで、ひたすら称名念仏につとめることをすすめています。

親鸞聖人のお考えでは、これらの教えは真実に導き入れるための方便なのであって、『大無量寿経』第十八願に説く如来回向の真実信心を獲得（ぎゃくとく）しなければ、浄土往生はできないと説かれます。聖人自らの「三願転入（さんがんてんにゅう）」という宗教的経験の深まりの過程を語ることを通して、第十八願の境地への帰入をすすめられるのです。

このことは、そのまま親鸞聖人の宗教理解を示していると言ってよいでしょう。

韋提希夫人と同じように、現実の人間社会における苦悩に直面して深く現世を厭い、清浄真実の浄土へ生まれたいという宗教的な願いをいだいても、自らの能力に信頼をもってあれこれ努力しているかぎり、それは本当の宗教的な態度とは言えません。やはり道徳と結びついた自己向上の態度にすぎない。さらにそういう自分の能力の限界に気づいて、善根(ぜんごん)を積もうという努力をやめ、ひたすら仏名を称えて、その功徳によって浄土へ往生しようとしても、その称名するという自らの力に頼っているかぎり、なおこれも本当の宗教的態度とは言えません。本当の宗教的な態度とは、自らのすべてを投げ出して、ただひたすら如来の力に頼る、本願力に信順するということ以外にはない――親鸞聖人は、それをここで示されているのです。

このような観点からすれば、『観無量寿経』や『阿弥陀経』は、真実の教えへ導き入れる仮の教えであり、そのゆえにこそ、それぞれの経典には、かくれた真意として、『大無量寿経』に通じる深い教えが記されていると見られるのです。「浄土三部経」に真仮(しんけ)を立てるという親鸞聖人のユニークな解釈は、このような聖人の宗教理解に基づいていると言えます。

親鸞聖人は、こうした浄土の教えに対して、聖道門（しょうどうもん）といわれる教えは釈尊在世中にのみ意味のあるもので、末法の時代にそぐわぬものと判定されます。俗生活を出て欲を棄て、ひたすら修行につとめる聖者の道は、人間の機根もすぐれ、また釈尊の指導力と感化が残っている時代にのみ可能なのであり、いまやその時代でもなく、人間の能力もそれに堪えられません。

『正像末和讃』の、

自力聖道（じりきしょうどう）の菩提心（ぼだいしん）
　こころもことばもおよばれず
常没流転（じょうもつるてん）の凡愚（ぼんぐ）は
　いかでか発起（ほっき）せしむべき

（『註釈版聖典』六〇三頁）

釈迦の教法ましませど
　修すべき有情のなきゆゑに
さとりうるもの末法に
　一人もあらじとときたまふ

（『同』六〇九頁）

という言葉は、親鸞聖人の聖道自力の立場についての見解をよく示しています。
　これは、世俗の生活を棄てて宗教的な修行に集中することは尊いことであるが、誰にでもできることではなく、たとえするとしても、さとりという目的に達するためにはよほどの能力と努力とを必要とするのであり、ことに煩悩具足の凡夫である私たちにはおよそ不可能なことだ、と指摘されているのです。もとより、はじめから決意や精進を否定して安易な道をとろうというのではなく、親鸞聖人の場合には、実際に二十年にわたる比叡山での修行を経験なさって、その上で自力修行の果たし難きことを言っておられるので、そのお言葉には裏付けがあります。

また同時に、本当の宗教は、知力・体力にめぐまれた少数の人びとだけのものではなく、すべての人間のものでなければならない、という親鸞聖人の洞察もあります。そのお考えによって、仏教がこの時代に至って、ついにすべての日本人のものとなったのです。その点にも、親鸞聖人の宗教理解のすぐれた点が見られます。

浄土の方便の教えと聖道門の教えの批判の後、さらに仏教以外の教えについて、親鸞聖人は外教邪偽の異執としてきびしい批判を述べられます。その趣旨を簡単に言えば、

九十五種世をけがす
唯仏一道きよくます
菩提に出到してのみぞ
火宅の利益は自然なる

（『正像末和讃』、『註釈版聖典』六〇二頁）

ということでありましょう。仏道以外の九十五種の外道はすべて邪偽であり、仏説のみがまことである。とくに釈尊の本願の教えによって浄土に生まれさとりに達して、初めて火宅無常のこの世に還って、人びとを自然に利益することができるというのが、この和讃の意味です。そこには何が真実の宗教であるかが明らかに語られています。

親鸞聖人は、『正像末和讃』に、

かなしきかなや道俗(どうぞく)の
良時(りょうじ)・吉日(きちにち)えらばしめ
天神(てんじん)・地祇(じぎ)をあがめつつ
卜占祭祀(ぼくせんさいし)つとめとす
(『註釈版聖典』六一八頁)

といわれているような呪術的宗教に対して、真実報土に往生して生死を離れ、あらためて現世に還って衆生を利益するという自利利他の教えこそ仏教であり、それが本当の宗教であるといわれるのです。「誓願一仏乗」（「行巻」、『註釈版聖典』一九五頁）であり、「大乗のなかの至極」（『親鸞聖人御消息』第二通、『註釈版聖典』七三七頁）である浄土真実の教えにのっとって、親鸞聖人は他の一切の宗教の批判をなさっていると言えます。

　以上が親鸞聖人の宗教理解の大綱であり、同時に、当時の一切の宗教に対する批判の骨子です。そこには邪偽の宗教に対比して、真実の宗教とは何であるかが明晰に語られています。なぜ仏教以外の宗教は邪偽なのか、それは真に帰依すべき仏法僧の三宝を知らないからである。天神地祇をあがめ、魔性のものを恐れ、

　見愛我慢の心を離れず、世間の名利恭敬に貪着する

（「方便化身土巻」、『註釈版聖典』四五七頁）

のが外道にほかならない。しかも、いま多くの仏教徒がそれに惑わされているのは何ということかという歎きが、和讃にうたわれます。

五濁増のしるしには
この世の道俗ことごとく
外儀は仏教のすがたにて
内心外道を帰敬せり

(『正像末和讃』、『註釈版聖典』六一八頁)

外道・梵士・尼乾志に
こころはかはらぬものとして
如来の法衣をつねにきて
一切鬼神をあがむめり

(同頁)

僧侶も俗人も仏教徒の姿をして、心では外道に帰依している。身に袈裟をつけていながら、バラモン教徒やジャイナ教徒と同様に鬼神をあがめている当時の風潮を、親鸞聖人は末世の姿として悲歎せずにはおられなかったのでしょう。
また、なぜ聖道門や『観無量寿経』『阿弥陀経』の浄土門は方便の教えなのか。それは、時機に相応せず、自力の迷執に捉われているからです。正像末の三時をつらぬいてはたらくのは如来の本願のみであり、ことに末法濁世に衆生を利益するのは、それ以外にはありません。

五濁悪世の有情の
選択本願信ずれば
不可称不可説不可思議の
功徳は行者の身にみてり

(『正像末和讃』、『註釈版聖典』六〇五頁)

その本願念仏の教えを聞きながら、なお仏智を疑惑して自力の称念にはげむ者は、真実報土へ生まれることはできないのです。

仏智の不思議をうたがひて
自力の称念このむゆゑ
辺地懈慢にとどまりて
仏恩報ずるこころなし

（『正像末和讃』、『同』六一〇頁）

罪福ふかく信じつつ
善本修習するひとは
疑心の善人なるゆゑに
方便化土にとまるなり

（『同』六一三頁）

善因楽果・悪因苦果を信じて、自らの善根として称名念仏にはげむ人は、仏智の不思議を疑っているのであるから、真の宗教的世界に達することはできない、と親鸞聖人は教えられます。これは、いわば道徳と宗教の接点を問題にされていると言えましょう。道徳的な生き方が宗教の世界へ通じることを認めつつ、同時に、そこには超えがたいギャップのあることを指摘して、真の宗教的世界への転入をすすめるというのが「方便化身土巻」の中心テーマなのです。

> 悲しきかな、垢障の凡愚、無際よりこのかた助正間雑し、定散心雑するがゆゑに、出離その期なし。みづから流転輪廻を度るに、微塵劫を超過すれども、仏願力に帰しがたく、大信海に入りがたし。まことに傷嗟すべし、深く悲歎すべし。
>
> （「方便化身土巻」、『同』四一二頁）

という言葉は、いろいろな宗教的行業を行じながら、自らの力を頼る心があるために他力回向の信をえることができず、久遠に迷わねばならないという悲歎を語っています。その裏には、如来の本願にかなう道は自力をすてる以外にはないことを示し、それが真実の宗教であると教えておられると申せましょう。

真実の宗教

親鸞聖人の教えの重要なポイントの一つは、人間の本当の姿を「罪悪深重」(『歎異抄』第一条、『註釈版聖典』八三二頁)なるものと見抜かれたところにあります。そしてそこに同時に、ほかならぬその「罪悪深重」の私が、限りない如来の慈悲によって救われるのだということに、聖人は気づかれたのです。『歎異抄』第十三条の、

さるべき業縁のもよほさば、いかなるふるまひもすべし
(『註釈版聖典』八四四頁)

という言葉と、同じ『歎異抄』「後序」の、

されればそれほどの業をもちける身にてありけるを、たすけんとおぼしめしたちける本願のかたじけなさよ
（『同』八五三頁）

という言葉が、それを示しています。

真実の宗教は、そのように人間の本当のあり方を明らかにし、その上で、人間が何を依りどころにして生きるべきかを教えます。日常のそのままの生き方を肯定して、人間の限りない欲望の充足をめざすのではなく、私たちが自分で自分をしばりつけているような迷いの状態から解きはなたれて、自由で自然な生き方に転ずるように導くのが、本当の宗教のはたらきです。そこにこそ、人間の本来のあり方があるのです。日常の生き方は、その意味からすれば、かえって人間の本当の生き方からはずれたものと言わなければなりません。

私たちは生まれたままの姿が自由で自然な生き方だと考えていますが、実際はそうではなく、いったんはそうした生き方を転じなければ、本当に自由で自然な生き方にならないところがあるのです。仏教は人間の日常のあり方に迷妄というものを見ますし、キリスト教なら神から背反している姿を見るでしょう。なぜそのように見られるのかと言えば、それは私たちの現実の生が苦悩に満ちているからです。人間が生まれたままで、争いもせず、ねたんだりうらやんだりもせず、他人のものを奪ったりほしがったりせず、傷つけあうこともなければ、和やかに人生を過ごすことができるでしょう。しかしそれは不可能なことです。三毒五欲の煩悩とか、五逆十悪(ごぎゃくじゅうあく)とか、とくに浄土教の経典には人間の心のあり方を悪しきものとしてさまざまに表現していますが、それは私たちのいつわらない姿にほかなりません。そしてそのあり方が限りなく苦しみを生んでいくのです。

仏教ではそうした苦悩を、生老病死苦とか怨憎会苦(おんぞうえく)・愛別離苦(あいべつりく)・求不得苦(ぐふとくく)・五陰盛苦(ごうんじょうく)というように分類しますが、要するにあらゆるものに執着して自ら苦しんでいるのが人間なのです。それから脱却するためには、捉われる対象から離れて心を集中し、一切のものが本来空なるものであることに気づいて、それに左右されぬ態度を確立するしかありません。それが仏道修行の道であることは言うまでもないでしょう。

しかしそういう道を歩むためには、世俗の生活を出て修行者の仲間に入り、自分を励まし努力を重ねなければなりません。それが苦悩を脱する方法だと知っても、容易にその決心がつかないのが私たちではないでしょうか。世俗の生活が離れがたいというだけではなく、修行の道の困難さがためらわせるのです。あるいは両親や家族に対する責任ということもありましょう。そこに凡俗の人間の悲しさというものがあるのです。

親鸞聖人は、如来の本願を「時機純熟の真教」(「教巻」『註釈版聖典』一三八頁)といわれます。時代と人間にかなった真実の教えとされるのです。『正像末和讃』には、

像法のときの智人も
自力の諸教をさしおきて
時機相応の法なれば
念仏門にぞいりたまふ

（『註釈版聖典』六〇五頁）

とうたっておられます。龍樹菩薩（一五〇―二五〇頃）や世親菩薩（四〇〇―四八〇頃）といった智慧のすぐれた人たちでも、自力修行の道をおいて、時代と人にふさわしい教えであるから念仏門にお入りになった、と讃歎なさっているのです。

どんなにすばらしい教えでも、私たちの器量をこえるなら、画にかいた餅のようなもので役に立ちません。機根の劣った私たちでも歩みうる教えであって、初めて大きな意味をもつのです。

凡小修し易き真教、愚鈍往き易き捷径なり。

（『註釈版聖典』一三一頁）

とは『教行信証』「総序」の言葉ですが、まさに凡俗の人間が修めやすく、愚かで鈍い者が進める近道であってこそ、本当のものと言えましょう。

自分の能力の限界に気づかない者は、本願力に信順することをまるで努力を惜しむかのように考えます。しかし努力を尽くすならば、かえって自分の限界というものが見えてくるのです。どれほど心を集中しようとしてもつねに意識は散乱し、雑念をはらおうとしてもさまざまな思いがわきおこってきます。それをおさえて心を統一することは困難なことです。しかし、それができなければ智慧をみがくことはできません。そこに先人の苦労があったのです。法然聖人も親鸞聖人も、その修行の苦しみの果てに、本願他力の大道に帰入されたのです。だからこそ、その喜びも大きかったと言えましょう。

ああ、弘誓の強縁、多生にも値ひがたく、真実の浄信、億劫にも獲がたし。たまたま行信を獲ば、遠く宿縁を慶べ。もしまたこのたび疑網に覆蔽せられば、かへつてまた曠劫を経歴せん。

（『同』一三二頁）

という同じ『教行信証』「総序」の言葉には、如来回向の真実信心がいかに得がたいかが語られ、また同時に、その教えに「遇ひがたくしていま遇ふことを得」、「聞きがたくしてすでに聞くことを得」（「総序」、同頁）た喜びが記されています。親鸞聖人の場合は、その喜びがそのまま自分の発するものではなく、如来の与えられる大慶喜心であり、真実信楽なのです。そしてそれはまた、浄土の大菩提心であるとされ、そこに願作仏心・度衆生心が語られます。

願作仏心・度衆生心

浄土の大菩提心は
願作仏心をすすめしむ

すなはち願作仏心を
度衆生心となづけたり

（『正像末和讃』、『註釈版聖典』六〇三頁）

如来の回向に帰入して
願作仏心をうるひとは
自力の回向をすてはてて
利益有情はきはもなし

（『同』六〇四頁）

願作仏心とは、浄土に生まれて仏になろうと願う心ですが、その心が如来の回向によって与えられるのであり、それがまたそのまま一切衆生を済度しようという心であるというのです。このことを具体的に語っているのが、「信巻」の阿闍世王の物語です。

「信巻」引用の『涅槃経』によると、阿闍世王は父王を殺し母の韋提希夫人を殺そうとするような悪逆の人間でしたが、心に激しい悔いを生じ、それが体に瘡となってあらわれ苦しみます。六人の臣下が、こもごも王に自分の師の教えを聞くようにすすめますが、王は従わず、ついに耆婆の導きによって、釈尊のもとに行こうと決心します。しかし王は、はなはだおそれて、

耆婆、われなんぢと同じく一象に載らんと欲ふ。たとひわれまさに阿鼻地獄に入るべくとも、冀はくは、なんぢ捉持してわれをして堕さしめざれ。

（『註釈版聖典』二八一頁）

と言います。

　しかし阿闍世王は、釈尊の教えによって大きな心の転機をむかえ、

世尊、われ世間を見るに、伊蘭子より伊蘭樹を生ず、伊蘭より栴檀樹を生ず

るをば見ず。われいまはじめて伊蘭子より栴檀樹を生ずるを見る。伊蘭子はわが身これなり。栴檀樹はすなはちこれわが心、無根の信なり。

（『同』二八六頁）

と言って喜びます。と同時に、

世尊、もしわれあきらかによく衆生のもろもろの悪心を破壊せば、われつねに阿鼻地獄にありて、無量劫のうちにもろもろの衆生のために苦悩を受けしむとも、もつて苦とせず

（『同』二八七頁）

と言っています。

ここには、実に見事に宗教的な心の転換というものが語られていると言えましょう。釈尊に会うまでは、耆婆にすがって地獄におちることをまぬがれようとし

ていた阿闍世王が、釈尊の導きによって自らの中に「無根の信」を生ずるや、一転して衆生のために地獄におちて苦を受けてもよいというのです。願作仏心がそのまま度衆生心であるとはそういうことだ、と言ってよいのではないでしょうか。

従来、親鸞聖人の教えにこういう力強く社会的にはたらく面があることは、必ずしも十分には語られませんでした。しかし真実の宗教は、決して自分ひとりが救われたらよいというものではありません。自分が本当に救われるということは、他のすべての人びとも救われるということでなければならないのです。大乗仏教の自利利他の精神とはそういうものですし、そうでなければ本来布教伝道も成立しないのではないでしょうか。

ことに罪悪深重の凡夫である私たちが、如来の本願によって救われるということは、すべての人たちがそのめぐみに浴するということであり、そのゆえにこそ、親鸞聖人は、

〈自信教人信　難中転更難〉（礼讃　六七六）とて、みづから信じ、人を教へて信ぜしむること、まことの仏恩を報ひたてまつるもの

（『恵信尼消息』第三通、『註釈版聖典』八一六頁）

とおっしゃったのだと思われます。『教行信証』の末尾に「安楽集」を引用して、

前に生れんものは後を導き、後に生れんひとは前を訪へ、連続無窮にして、願はくは休止せざらしめんと欲す。無辺の生死海を尽さんがためのゆゑなり

（『同』四七四頁）

と記しておられるのも、聖人のそのお気持ちをあらわすものと言えましょう。

「罪悪」について

道徳と宗教

浄土真宗では、「悪人成仏」ということを申します。また「悪人正機」という言葉は、親鸞聖人の教えとして高校の教科書などにも載っていて、よく知られています。しかし近頃は、「罪悪」ということが、だんだんわかりにくくなっているように思われます。「罪悪」ということはいったいどういうことなのか。人をだましたり、傷つけたりすることは、悪いことだということは皆わかっていますし、また法律を犯すと罰せられることも知っているのですが、さて、自分が「悪人」であるということは、なかなか理解しにくいことです。親鸞聖人は、なぜ「罪悪深重」の凡夫といわれ、また「地獄（じごく）は一定（いちじょう）すみかぞかし」（『歎異抄』第二条、『同』八三三頁）といわれたのでしょうか、そのことを考えてみましょう。

宗教的な意味で「罪」とか「悪」とかいわれる時は、ただ単に私たちの個々の行為についてではなくて、人間の心のあり方についていわれているということは、容易に理解できるでしょう。実際に行なわれる悪しき行為は、その心の転倒から生じるものであり、その心が転じられることなしには、私たちが「悪」から本当に解放されることはありえません。

ドイツの有名な哲学者のカントは、最も深く道徳の問題を考えた人ですが、その説によれば、人間は感性と理性との総合としてあり、感覚的欲望に左右されないで、自分のうちなる理性の命令に従って生きるところに、人格としての人間の正しい生き方があるとされます。しかし、現実には人間は欲望に動かされて、してはならないと思うこともしてしまうというのが私たちのいつわらぬ姿です。カントは、それを心の秩序の転倒といい、そこに心のあり方の変革の必要性を主張しています。しかし、人間の心の中にはそれよりももっと深い転倒が隠されているように私は思います。

さるべき業縁

作家の遠藤周作さん（一九二三―一九九六）が、新聞に、第二次大戦中、ナチスによって大量殺人が行なわれた、アウシュヴィッツ収容所をたずねた時のことを書いておられました。毎日、数千人、総計百五十万人という老若男女の囚人が殺された、その場所で感じた人間というものの怖ろしさ、不気味さに、遠藤さんは大きな衝撃をうけられたのです。しかもそこに、「毎日、ガス室で老人や子どもを殺したナチ親衛隊の将校たちが、夜は自宅に戻り、わが子を抱き頬ずりをし、そして妻とモーツァルトの音楽に聞きほれたという話を、私はどうしたら信ずることができよう」と記しておられます。

遠藤さんは、こうした苛酷な運命にさらされたその収容所の囚人たちの中に、「最後のパンの一片を病人に与えた人間」がいたこと、またその生地獄さながらの生活の中で夕焼けの美しさを見て、「世界って、どうしてこんなに美しいんだ」と呟いた人たちがいたことに深く感動され、「その人たちのお陰で、私たちは人間をまだ信ずることができる」といわれています。しかし、私はむしろその「昼はあまたの子どもを殺して、夜はモーツァルトに耳をかたむけた」ナチスの将校たちに、人間の本当の姿をみるような気がします。

「さるべき業縁（ごうえん）のもよほさば、いかなるふるまひもすべし」（『歎異抄』第十三条）という言葉は、そうした私たち人間の本当のあり方を見抜いた言葉ではないでしょうか。もとより、そんな大量殺人といった行為を誰もがするわけではありませんし、戦争中といっても、そうしたナチスの将校たちの行為は特別のことであったと言えます。だからこそ、戦後に徹底的に戦争犯罪として追及されたのですが、彼らも収容所に勤務するまでは、普通の市民であったと思われます。一方で、絶望的な状況の中でも人間らしさを失わずに生きることができるとともに、他方では、良心に責められることなく残酷な行為を業務として遂行することができるという人間の不可解さ、不気味さというものが、ここにはあらわれています。「罪業」という言葉で表現されるのは、こうした人間の姿ではないでしょうか。

困難に耐えぬいたり他人のために犠牲になるという場合には、私たちは人間を高く評価しますが、人を苦しめたり殺害したりするという場合には、それが特別な悪人のこととして目をそらせがちです。そしてそこで、善人と悪人とを区別して考えようとします。しかし実際は、善と悪とが別々にあるわけではありません。時と場合で善をなしたり悪をおかしたりするのが私たちです。私たちのうちには善と悪の両方の可能性があると見るのが、本当のように思います。

単純に善悪の区別をして、悪を退け善に進もうとするほうがわかりやすいのは確かです。自分のうちに他を傷つけたり、だましたり、殺そうとするような可能性があると考えるのは、なかなか容易なことではありません。けれども、腹を立て、憎しみをいだき、恨みをかかえ、ねたむ気持ちを捨てられない私たちは、何かのきっかけでどんな行為をおこすかも知れません。そういう自分だということに気づく時に、初めて「罪業深重」という言葉が意味をもつのではないでしょうか。

親鸞聖人が、

それほどの業をもちける身にてありけるを、たすけんとおぼしめしたちける本願のかたじけなさよ

（『歎異抄』「後序」、『註釈版聖典』八五三頁）

と述懐されたのは、そうした自己のあり方についての深い洞察に基づいているのです。自分の心の中の恐ろしさ、不気味さというものに気づく時、私たちは限りない如来のはたらきを仰がずにはおれません。それを、聖人は「他力をたのみたてまつる悪人」（『歎異抄』第四条、『註釈版聖典』八三四頁）と言われるのです。

慈悲の実践—聖道の慈悲・浄土の慈悲

聖道・浄土のかはりめ

『歎異抄』第四条では、「慈悲」ということを問題にされています。

慈悲に聖道・浄土のかはりめあり。聖道の慈悲といふは、ものをあはれみ、かなしみ、はぐくむなり。しかれども、おもふがごとくたすけとぐること、きはめてありがたし。浄土の慈悲といふは、念仏して、いそぎ仏に成りて、大慈大悲心をもつて、おもふがごとく衆生を利益するをいふべきなり。今生に、いかにいとほし不便とおもふとも、存知のごとくたすけがたければ、この慈悲始終なし。しかれば、念仏申すのみぞ、すゑとほりたる大慈悲心にて候ふべきと云々。

（『註釈版聖典』八三四頁）

仏教では、慈悲という言葉は、智慧という言葉とともに非常に大切な言葉です。慈悲と智慧は仏さまのはたらきなのです。それは、車の両輪のようにいつも相即してはたらいていると申します。慈悲は「抜苦与楽（ばっくよらく）」というはたらきですから、生死の迷いの中にいる一切衆生の苦悩を除いて楽を与えるはたらきが慈悲というはたらきです。一方、智慧は、過去・現在・未来を見通して、そこに真如を明らかにするというはたらきです。ここではとくに慈悲ということを、親鸞聖人は問題になさっています。しかし、そこにはやはり、ふつうの考え方とは違っているところがあります。

ある時、この第四条についてお話をしたところ、そのあとご質問がありました。それは、「第四条を読むと、私たちはどんな悲しいことや苦しいがあっても、お念仏を称えるしかないということになりますね」という、質問というか感想というようなご発言でした。私は、その時は十分に考えないで、「ここでの趣旨からいうと、そういうことになりますね」と申しました。しかし、そのあともこの質問が心に残っていまして、果たしてそのような答えでよかったのだろうかとずっと考えていました。

というのは、一九九七（平成九）年、キリスト教の修道尼で、インドで貧しい人や苦しんでいる人に生涯を捧げた、マザー・テレサ（一九一〇―一九九七）という人の葬儀がありました。その葬儀には、ヒンドゥー教の人も、イスラム教の人も参加していました。それを見ていますと、キリスト教の人は、生涯を社会的な実践に捧げられています。キリスト教では慈悲とは申しませんが、愛の実践ということでしょう。キリスト教では愛を「アガペー」と申しますが、『聖書』の中には、信仰があっても何があっても、愛がなければむなしいということが記されていたように思います。それほど愛ということを大切にするのですが、その愛とは、自分を捨てて人のために尽くす、人の苦しみや悩みを救うということです。そのことを思い出して、親鸞聖人が『歎異抄』第四条で慈悲とおっしゃっていることと、キリスト教の愛の実践ということとが、どう結びつくのだろうか、それとも結びつかないのだろうかということを考えていました。

一般的に申しまして、キリスト教は社会的な実践に熱心であり、マザー・テレサだけではなくて、シュバイツァー（一八七五―一九六五）という有名な哲学者もアフリカで医療に生涯を捧げておられますし、多くの人が命をかけてそういう仕事に尽くされています。一方、それではそのような実践と仏教はどうかかわるのだろうか。仏教は実践などしない、仏さまのお慈悲を喜んでいればそれでよいのだと、親鸞聖人は考えておられたのかどうかということを、ずっと考えておりました。まだその答えが出たわけではありませんが、ただ社会的な実践ということを基礎としてこの第四条を考えますと、聖人のお気持ちが少しわかるような気がします。

「慈悲に聖道・浄土のかはりめあり」とおっしゃったのは親鸞聖人だけです。聖道の慈悲・浄土の慈悲とは、自力と他力ということなのですが、なぜそういうことをおっしゃったのか。これをただ漠然と読んでいますと、「ああ、そういうことか。仏教には聖道門の慈悲と浄土門の慈悲というものがあるんだ」ということで終わってしまいますが、なぜ親鸞聖人がそういうことをおっしゃったのかということを考えてみますと、このことをおっしゃった場面というものが決定的に重要なのではないかと私は思います。

西田幾多郎の苦悩

そこで思い出されるのは、西田幾多郎先生の『思索と体験』という本の中に書かれている「我が子の死」(『国文学史講話』序 上田閑照編『西田幾多郎随筆集』岩波文庫)という文章です。これは西田先生が、友人である藤岡作太郎(一八七〇―一九一〇)の『国文学史講話』という本が出版されるのに際して、その序文を書いていらっしゃるものです。そこには何が書かれているかというと、藤岡さんは娘を亡くされ、西田先生もこの文を書かれる少し前に娘を亡くしておられる。お二人はたいへん仲の良い友人なのですが、その友人の藤岡さんの子を亡くした悲しみを、自分も子を亡くした経験に即して、実に切々とした文章で書いていらっしゃるのです。

私は、『歎異抄』第四条を読む前提として、ぜひこの文章をお読みになるとよいと思います。自分の子を亡くした悲しみを書いた文章として、他に比較するものがないといってよいほど心のこもった立派な文章です。藤岡さんがお嬢さんを亡くされた悲しみが、いま私は自分の子を亡くした悲しみを経験して痛切にわかる。先日会って話をした時、いろいろな話をしたが、そのことについては一言も触れなかった。それは忘れたわけではなく、言いたくなかったわけでもない。そういう言葉を越えた深い心の交流というものがあったのだ。そして、西田先生は藤岡さんと別れる時、自分が子を亡くしたことを書いた文章を渡された。藤岡さんはそれを読んで、友人というものはどうしてこんなにも気持ちが同じなのか、深い感銘を受けたということが、初めに書いてあります。

そして西田先生は、自分が小さい時、姉を亡くして誰もいないところで大声で泣いたとか、それから弟さんが日露戦争で戦死されて断腸の思いだったということも書いていらっしゃいます。そして、人間として、人の死、親しい者と死に別れるということがどんなに悲しいことか。それは、どんな言葉をもってしても慰められないものだということを、私は深く思った。しかも、人間というものは、ただ生まれて死ぬというだけのものだったら、こんな空しいものはない。しかし人間の存在というものはそんな空しいものではない。人の死を通して、私たちは人間の生命がどれほど大きい意味をもっているかということを知るのだ、とそういうことが書いてあります。

西田先生のこの文章を読んで『歎異抄』第四条をお読みになると、親鸞聖人は本当に人間の深い心というものを見通していらっしゃる。そして、その深い心の中にある悲しみとか苦しみというものに対して答えを与えられる方だということがわかると思います。『歎異抄』第四条は、ただ慈悲に二種類あって、自力では末通らないから他力によるのだということではないのです。西田先生も書いていらっしゃいますが、ドストエフスキー（一八二一―一八八一）がソーニャという子を亡くした時、また次の子ができるだろうなどと言って友人がいろいろ慰めてくれるけれども、「私が欲するのは他の子ではない、ソーニャなんだ」と言ったといわれています。そういう子を亡くした悲しみを、親鸞聖人もおそらく経験していらっしゃるのだろうと思います。

親鸞聖人は、自分のことはほとんどおっしゃらない方ですから、何もお書きになってはいませんが、後の研究者がいろいろ研究いたしまして、聖人のご生涯にはどういうことがあったかということを申しております。それによりますと、聖人にはお子たちが数人いらっしゃって、そのうちの何人かを幼い時に亡くしていらっしゃるようです。聖人はおそらくこのような経験に基づいておっしゃっているので、「慈悲に聖道・浄土のかはりめあり」とおっしゃっても、仏教には慈悲という観念があり他力と自力との区別がありますといった、大学の講義のような抽象的説明として、このようにおっしゃっているのではないのです。親鸞聖人は、現に自分の目の前に、愛する子を亡くして、身も世もあらぬと申しますか、どんなに歎いても歎きたりないというか、どうかあの子がもう一度生き返ってほしいと切実に願っている、そのような親に対しておっしゃっているのです。

救うことのできない現実

一九九〇年代には、よく若い人が交通事故で亡くなりました。病気だったら看病をしてということもありますが、それでもわが子となるとなかなか思い切れないでしょうが、朝、オートバイで元気に出ていった息子が、トラックと正面衝突して死んでしまうというようなことが起こると、もう親は再起不能の打撃をうけます。当分はすっかり気が抜けてしまって、何をする気もおこらない。そういう時はしようがありませんが、時間がたって、だんだん落ち着いてきた時に、この親鸞聖人のお言葉というものが心にとどいてくるのではないかと思いました。みなさんも自分の最愛の者を亡くしたという、そういうところへ身をおいてこの聖人のお言葉をお聞きになると、初めてこの言葉がどんなに深い人間の洞察、人間のあり方の洞察に基づいているかということがおわかりになるだろうと思います。

慈悲とは抜苦与楽ということですが、浄土の教えからすればそれには二種類あり、「聖道の慈悲」も大切なことである。「ものをあはれみ、かなしみ、はぐくむなり」の「もの」とは衆生のことで、この場合はとくに身近な人間をいうのでしょう。子どもなどをいとおしみ、かわいがり、大切に思い、いつくしむ。西田先生も娘を亡くされたので、女の子というものはとくにかわいいものだということをおっしゃっていますが、そのことを親鸞聖人も否定されてはいません。しかし、その子がもし病気や事故で亡くなったりした時、そこでぶつからざるをえない事実というものを聖人はおっしゃっている。それが「おもふがごとくたすけとぐること、きはめてありがたし」という言葉です。

私の三番目の子は、生まれた時から心臓に欠陥がありました。無事に誕生した後で、妻が入院していた病院の担当医から私に電話がありまして、心臓に雑音がきこえるということを言われました。おそらく心臓に穴があいているのではないかということでしたが、だんだん大きくなりますと心臓に負担がかかります。そして三年たちまして、発作が起こって亡くなってしまいました。こういう経験をしますと、「おもふがごとくたすけとぐること、きはめてありがたし」ということがよくわかります。現代の人間は非常に傲慢になりまして、私たちはみな科学の力で何でもできるように思っています。確かに医学は進歩して、いままでとは比較にならないほど大きな成果をあげ、いろいろな病気を治すことができるようになりました。しかし、科学によってどんなことでもできると思うのは、人間の傲慢です。その傲慢さを根本から覆すようなことがおこります。その一つがこういうことです。そういうことにぶつかると、親鸞聖人のお言葉を思わざるをえません。

親鸞聖人も越後から東国へ移っていかれる途中で、お子さんを亡くされたということがあったのかもしれません。どんなに両親がたすけてやろうと思っても、その子をたすけることはできないという事態にぶつからざるをえない。それが人生の苦悩です。人間は生老病死という四苦を抱えていますから、順調にいっても、生まれたかぎりは老いて病んで死んでいかなければならない。身近な者の死という人生の実相に、私たちは否応なしに直面するのです。そこで初めて、自分の力で何とかしようとすることには限界があるということに思い至ります。そういうことをふまえて、聖人は「浄土の慈悲」ということをおっしゃっているのです。

浄土の慈悲

「浄土の慈悲」とはどういうことでしょうか。「浄土の慈悲といふは、念仏して、いそぎ仏に成りて、大慈大悲心をもつて、おもふがごとく衆生を利益するをいふべきなり」とあります。「念仏して、いそぎ仏になりて」というと何か非常に迂遠なような気がしますが、親鸞聖人が「念仏して」とおっしゃる時は、これはかならず信心の念仏です。ただ口先だけで念仏してとおっしゃっているのではありません。『浄土和讃』の「現世利益和讃」などには「南無阿弥陀仏(なもあみだぶつ)をとなふれば」とありますが、聖人は口先で呪文のように称えればよいなどとはおっしゃっていません。かならずまことの心、真実信心をそなえた念仏ということをおっしゃっているのです。信心とは阿弥陀さまにおまかせするということで、仏さまにおまかせしたうえでの念仏を、ここでは簡単に「念仏して」とおっしゃっているのです。

南無阿弥陀仏の名号は阿弥陀さまの喚び声ですから、その喚び声を聞いておまかせをして称名念仏する。そして阿弥陀さまの力によって浄土へ生まれ仏になる。それが往生浄土の相状である往相ということです。そして、浄土からただちに穢土へ還って衆生を済度することが、還来穢国(げんらいえこく)の相状である還相ということです。往相・還相とは、阿弥陀さまが私たちにあたえてくださるはたらきであり、これを仏さまの回向といいます。そういうはたらきが本願を信じることにそなわっている。だから、本願を信じ念仏を称え、命終わって浄土に生まれたならば、必ず一切衆生をたすけるというはたらきをえるということを、ここではおっしゃっているのです。

本願を信じ念仏するということを何でもないように思っているかもしれないが、本当に阿弥陀さまの本願を聞信して念仏するならば、子どもと死別してどんなに悲しくても、私たちはその力によって浄土へ生まれ、子どもだけではない、一切の衆生を済度することができる身になるのだということを、親鸞聖人はおっしゃっているのです。かわいい子を亡くして、歎き悲しみ、しばらくは気も転倒しているが、だんだん落ち着いて、これも運命だからどうしようもないんだと思っている親に対して、あなたが本当に阿弥陀さまの本願を信じたならば、かならず浄土へ生まれ、浄土へ生まれたならばさとりを開いて仏になり、そして一切の衆生を救うというはたらきをすることができるのだ、とおっしゃているのです。そして、阿弥陀さまの喚び声を聞いて、その喚び声によってよみがえって、本当のいのちを与えられたならば、あなたはこの世だけで終わったと思わなくてよいのであって、この世の縁がつきて仏さまの世界に生まれたならば、直ちに現世へ還って、一切の衆生を、もちろんあなたの子どもも救うことができるのだと、親鸞聖人は、ここでそういうことをおっしゃっているのです。

いまの人間は目に見えるこの世のことしか考えませんが、親鸞聖人はこの世の世界というものだけではなく、過去も現在も未来も見通したそういうところに立っておっしゃっているのです。聖人の教えとはそういうものであって、私たちが住んでいるような狭い世界だけでの話ではありません。

人間の世界を超えた、無限の過去から無限の未来を見通した世界、それは仏さまの智慧の世界でもあります。その智慧によって一切衆生が救われていく。あなたも本当に信心を獲得して念仏を称える身になったならば、そういうさとりの世界のはたらきに参加できるという、これは一つの約束です。仏教では約束ということを申しませんが、キリスト教では申します。還相とは、約束といってよいのではないでしょうか。この頃は往相ということは言いますが、還相ということはあまり言いません。「浄土から還ってくるというが、いったい誰がそんな人に会ったのか」といって還相ということを否定しますが、親鸞聖人はそうは思っていらっしゃらない。現実に還相の菩薩がいらっしゃると思っておられた。それは法然聖人です。法然聖人はもちろん人間です。ご飯もおあがりになるし、お休みにもなって、ふつうの人間の生活をなさっている。そんなことは当たり前です。けれども親鸞聖人は、法然聖人をただ人ではなく菩薩の再誕だと思っていらっしゃった。

よきひと（法然）の仰せをかぶりて、信ずるほかに別の子細なきなり。（中略）たとひ法然聖人にすかされまゐらせて、念仏して地獄におちたりとも、さらに後悔すべからず候ふ。

（『歎異抄』第二条、『註釈版聖典』八三二頁）

どうしてこんなことが言えるのか。それは、法然聖人がふつうの人ではないと思っていらっしゃったからです。そういう菩薩のはたらきを目の当たりにして、初めてこの迷いの世界から抜け出ることができると確信されたのです。親鸞聖人は本当にそう思っていらっしゃった。『高僧和讃』にも、

智慧光のちからより
　本師源空あらはれて
浄土真宗をひらきつつ
　選択本願のべたまふ

（『註釈版聖典』五九五頁）

とうたっておられます。智慧の光の中から法然聖人はあらわれてこられた。誰のためにと言えば、私のために、親鸞一人のために、あらわれてこられた。そう言うと、他の人はほったらかしみたいですが、そういうことではありません。他の人も、それぞれその人一人のためにということなのです。

念仏申すのみぞ

私も、龍谷大学に勤めている時は、西本願寺にお参りする機会があまりありませんでしたが、浄土真宗教学研究所（現・浄土真宗本願寺派総合研究所）にお勤めしてからは、毎月一度、本山のお朝事（あさじ）に出勤しなければなりませんでした。御影堂（ごえいどう）の内陣に着座しますと、目の前に親鸞聖人のお木像が安置されています。ふつうであれば外陣から拝んでいるのですが、目の前にいらっしゃるので、聖人のお姿を拝見します。そうしますと、私の気持ちとしては非常になつかしいのです。そんな縁の遠い方とは思えない。本当に身近な方のように思います。親鸞聖人が法然聖人のことをおもっていらっしゃったほど深いものではありませんが、聖人のお気持ちはよくわかります。

親鸞聖人は、法然聖人とそれほど長くいっしょにいらっしゃったわけではありません。二十九歳の時に六十九歳の法然聖人にお遇いになり、三十五歳の時、念仏停止で越後に流され、法然聖人と別れ別れになってしまわれます。そして、赦（しゃ）

免（めん）になってまもなく、法然聖人は亡くなってしまいますから、そんなに長くごいっしょだったわけではありません。それでも親鸞聖人は、法然聖人を生涯「よき人」と仰いでいらっしゃったのです。そして教えの上からは、法然聖人を還相の菩薩であり、仏さまだと思っていらっしゃったのです。親鸞聖人にとって還相とはけっして架空のことではありません。どこからいらっしゃったかと言えば、真如の世界からです。浄土とは、仏国土、さとりの世界であり、そのさとりの世界からのはたらきかけがなかったら人間は救われないと、親鸞聖人は思っていらっしゃった。だから法然聖人のことを、終生、仏であり、菩薩であると仰いでいらっしゃったのです。

還相ということはそういうことです。そしてその還相というはたらきに、私たちもあずかることができる。それをいうのが、次の「浄土の慈悲といふは、念仏して、いそぎ仏に成りて、大慈大悲心をもつて、おもふがごとく衆生を利益するをいふべきなり」という言葉です。浄土門でいう慈悲とは、信心を喜ぶ身になって称名念仏し、命終わって浄土に生まれ、仏となって大慈悲心を発し、自由自在に衆生を済度することをいいます。

また、還相とは大乗菩薩道です。大乗仏教の教えは、自分さえよかったらそれでよいというものではない。一切の衆生が救われなければ自分も救われないというのが大乗仏教です。ふつうは、一人ひとりが修行して、さとりを開き、そして衆生を済度すると申しますが、私たちは煩悩具足の凡夫ですから、そんなことはとてもできません。それなら、私たちは大乗仏教の精神と無関係なのかと言えば、親鸞聖人はそうではないとおっしゃるのです。どうしてかと言えば、大乗菩薩道の自利利他の精神は、この還相ということにちゃんと生きているからです。浄土に往生するとは、浄土へ生まれて栄耀栄華（えいようえいが）の生活をするということではありません。浄土に生まれたならば、ただちに一切衆生を救済する活動に参加する。阿弥陀さまはそういうはたらきを衆生に与えておられるのであり、それが浄土の慈悲ということなのだと親鸞聖人はおっしゃるのです。

そして最後に、「今生に、いかにいとほし不便とおもふとも、存知のごとくたすけがたければ、この慈悲始終なし。しかれば、念仏申すのみぞ、すゑとほりたる大慈悲心にて候ふべきと云々」と記されています。

あなたはどう思っているのか。かわいい子を亡くして身も世もあらぬ思いで歎いているけれども、いくら歎いても人間の力には限界があってどうすることもできないではないか。どんなに努力をしても、冷たくなった子を生き返らせることはできないではないかということです。私もそう思います。私の子も、妻が留守の時に発作をおこしまして、のけぞるようにして苦しむのです。私は何もしてやれない。そういう時に、ここにいわれていますように、「今生に、いかにいとほし不便とおもふとも、存知のごとくたすけがたい」ということを痛切に思います。だから、人間がどんなに愛情をもって人を幸せにしたい、恵みを与えたいと思っても、それは首尾一貫しない、末通らない。そういう人間の愛情ではなくて、仏さまのはたらきの中にはいって、仏さまのはたらきとひとつになると、そこに新しい視野がひらかれてくる。その時に、初めて私たちは苦しみや悲しみから脱却できるのです。

「念仏申すのみぞ」といっても、念仏をただ口で称えていればそれが大慈悲なのだというのではありません。親鸞聖人のお気持ちは、本願力回向の信心を喜び、阿弥陀さまのはたらきに生かされる身となって、念仏を称えるということです。そのことが、末通った首尾一貫した、慈悲の世界に生きるということになるのだということをおっしゃっているのです。

第三章　なぜ、浄土に往生するのか

往生浄土ということ

〈しんらんさん〉とこへいきたいなぁ

「おばあちゃん、おじいちゃんいまどこにいるのやろ」
「あんたは、どこにいると思う」
「そうやなあ、おじいちゃんは生きてるとき、〈しんらんさん〉〈しんらんさん〉て
いうてたから、〈しんらんさん〉とこにいるのとちがうか」
「おばあちゃんもそう思うわ」
「おばあちゃんは死んだらどこへいくのや」
「さあ、どこへいくのやろなあ」
「おばあちゃんは、おじいちゃんと仲がよかったし、やっぱり〈しんらんさん〉と

こへゆくのとちがうか」
「そうやろなあ」
「ぼくも死んだら、おじいちゃんやおばあちゃんといっしょに〈しんらんさん〉とこへいきたいなあ」
「そうか」
「おばあちゃん、ぼくのことわすれんといてや」

一九九八（平成十）年には、蓮如上人五百回大遠忌法要が勤まりましたが、法要では縁儀が始まるまえ、毎朝、約五分間の布教使によるご法話がありました。私が感動した、このおばあちゃんと少年との会話は、この時にある布教使の方がご法話の中で紹介されたものです。

死んだら夫や夫の家族と同じ墓へはいるのはいやだから別の墓をたてたいとか、友達どうしで墓をつくったとか、いろいろな話がありますが、私はそんな墓についての談義よりも、このおばあちゃんとお孫さんの会話の中に、本当の宗教的な心が生きているように思いました。

覚如上人の『執持鈔』には、親鸞聖人が、

故聖人 黒谷源空聖人の御ことばなり の仰せに、「源空があらんところへゆかんとおもはるべし」と、たしかにうけたまはりしうへは、たとひ地獄なりとも、故聖人のわたらせたまふところへまゐるべしとおもふなり。

（『註釈版聖典』八六〇頁）

とおっしゃったと記されていますが、そのお気持ちと同じ気持ちがこの少年の言葉にはこめられているように思います。

だいすきなおじいちゃんやおばあちゃんと同じところへいきたいという思いの中で、死んでもそれでおしまいではないということが、少年の心にはちゃんとわかっているのです。おじいちゃんが死んだ時、きっと悲しくてたまらなかったでしょう。おばあちゃんも、これからそんなに長くは生きていないことを知っているのでしょう。それでも〈しんらんさん〉の教えを聞いていたおじいちゃんは、きっと〈しんらんさん〉のところにいると思い、おばあちゃんもそこへいくのだと思っているのです。こうした気持ちが、これから先もずっと少年の心を導いていくことでしょう。

近頃では、お浄土まいりということをすっかり言わなくなってしまいました。それでは、いまの人間は自分の死についてしっかりした考えをもっているのかと言えば、けっしてそんなことはありません。なるべくそういうことは考えないように、死をみつめないようにしているにすぎません。生きていることだけを考えて、死から目をそらせようとするのが現代の人間の特徴です。

それでもいやおうなしにぶつかる死という事実に直面すると、「天国であいましょう」とか、「草葉のかげでみまもってください」とか、「やすらかにおねむりください」とか、およそわけのわからない言葉を平気で申します。「ご冥福を祈る」という言葉も不思議な言葉です。死後の世界を信じてもいないのに、知識人といわれる人たちも、弔辞などでかならずと言ってよいほど、この言葉を使っています。私たちの死生観はどうなっているのでしょう。

生死輪廻を逃れる道

現在ほど日本人の死生観が混乱している時はありません。

仏教が伝来して以来、日本人の表象する死後の世界は、浄土と地獄というのが一般的であったように思われます。万葉の時代には、大伴旅人(おおとものたびと)(六六五―七三一)の、

この世(よ)にし楽しくあらば来(こ)む世には虫(むし)に鳥(とり)にも我(われ)はなりなむ

(『万葉集(一)』二六二頁、岩波文庫)

生まるれば遂にも死ぬるものにあればこの世なる間は楽しくをあらな

（同頁）

といった歌が示すように、来世とか死後の輪廻という考えを拒否するような見方もありました。その後時代とともに、次第に善因楽果・悪因苦果という生死輪廻の考え方が仏教的な考えとして普及し、『梁塵秘抄』に見られるように、

我等が心に隙もなく、弥陀の浄土を願ふかな、輪廻の罪こそ重くとも、最後に必ず迎へたまへ。

（『新訂　梁塵秘抄』四八頁、岩波文庫）

弥陀の誓ぞ頼もしき、十悪五逆の人なれど、一たび御名を称ふれば、来迎引接疑はず。

（『同』一七頁）

暁静かに寝覚して、思へば涙ぞおさへあへぬ、はかなく此の世を過ぐしても、
いつかは浄土へ参るべき。

（『同』四八頁）

はかなき此の世を過ぐすとて、海山かせぐとせし程に、万の仏に疎まれて、
後生我が身をいかにせん。

（『同』四九頁）

といった浄土願生の気持ちが人びとの心の中に育ってきます。そうした来世観の成立には、源信和尚（九四二―一〇一七）の『往生要集』などによる浄土教の影響が大きかったと言えるでしょう。

そうした中で、親鸞聖人の、

念仏は、まことに浄土に生るるたねにてやはんべらん、また地獄におつべき業にてやはんべるらん、総じてもつて存知せざるなり。たとひ法然聖人にす

かされまゐらせて、念仏して地獄におちたりとも、さらに後悔すべからず候ふ。

(『歎異抄』第二条、『註釈版聖典』八三二頁)

というお言葉は、驚くべきものではなかったでしょうか。

地獄へ行きたくないとか、極楽に生まれたいといったことではなくて、善知識のお言葉に従ってどこへでも行く、それが自分が生死輪廻を逃れる唯一の道だと思いさだめるということが、この親鸞聖人のお言葉には示されています。

そうした気持ちをあらわされたのが、「住正定聚」ということではなかったでしょうか。『教行信証』では、「住正定聚・必至滅度」ということが「証巻」の眼目です。現世においては正定聚に住する、すなわちけっして迷いの世界にもどらない不退転の位につき、来世においては必ずさとりに達するということが、親鸞聖人のゆるぎのない死生観であったと言えましょう。

そこには、死後に極楽で楽しみにみちた暮らしをするというようなことは少し

も記されていません。親鸞聖人は「信巻」に、曇鸞大師の『往生論註』から、

もし人無上菩提心を発せずして、ただかの国土の受楽間なきを聞きて、楽のためのゆゑに生ぜんと願ぜん、またまさに往生を得ざるべきなり。

（『註釈版聖典』二四七頁）

という言葉を重ねて引いて、その無上菩提心が如来回向の信心であり、また願作仏心（さとりを願う心）であり、度衆生心（衆生を救おうとする心）であるとされています。

親鸞聖人の言おうとされることは、本当に生死輪廻を超え出る道は、如来回向の信心を獲得することによって迷いのもとを根本から断ち切り、この世の命が終わったならば、さとりの世界へ入って衆生済度するということ以外にはありません。そしてその道が、いま信心を決定することによって開かれるのだということ

にあったのです。
　私たちは、親鸞聖人のその教えをあらためてよく学ばなければなりません。

死生観の混乱

　日本人の死生観が混乱してきた理由の一つは、なんといっても明治以降の近代的な科学的世界観の受容にあると考えられます。

　それまでの仏教的な世界観にかわって、太陽のまわりを地球が回転し、多くの惑星とともに太陽系を形成し、さらにその外に無数の天体があって銀河系宇宙が構成されているといった世界観は、いわば物理的な世界観であり、客観的事実としての世界像を語っています。そこでは、人間などもその構成の一部分として存在しているだけで、人間が生きていることの意味そのものを明らかにするものではありません。そういう考え方では、環境としての世界ははっきり人間と分かたれていて、それ自身で存在するものであり、人間にとっては無関係で無意味な、むしろ不気味なものとなってしまいました。

そうした客観的な世界のどこをさがしても、浄土や地獄があるわけではありません、宇宙探索機でそこに到達できるわけでもありません。人間の視野は飛躍的に拡大しましたが、その視野の中に浄土や地獄ははいってこないのです。

そこから、浄土や地獄といった表象は宗教的象徴であると言われるようになりました。象徴とは、たとえば白百合が純潔を、バラが情熱をあらわすように、直接感覚に与えられるものによって抽象的な事柄を表現しようとするものです。キリスト教では十字架がイエスの救いをあらわすように、仏教では浄土や地獄は人間のさとりや迷いをあらわすものとされます。それは客観的事実を伝えるよりも、もっと次元の高い実在を表現するとされるのです。

しかし、ふつうの人間にはそういうことはなかなか理解しにくいので、浄土や地獄などは存在しないのだということになってしまいます。それでは、人間は死んだらどうなるのかという素朴で真剣な問いについては、死んだらそれでおしまいとか、お墓の中にいるとか、天国に行くとか、はなはだあいまいな答えしかできなくなってしまったのです。そういうことでは、死んでからどころか、生きている現在の人間の存在の意味さえもあいまいなものになってしまいます。何のために生きているのやら、どうしてこの世にでてきたのやら、すべてがわからなくなってしまうのです。

浄土や地獄という表象は、じつは私たちの現に生きている意味を明らかにしようとするものであることが、このことからも理解できるのではないでしょうか。過去・現在・未来の三世という仏教的な時間の捉え方は、人間存在の意味を明らかにしようとするものであったのです。

仏教は、誰にもわからない過去と未来のあり方を、さとりの世界から光をあてることによって照らしだし、それを象徴的に表現することを通して、その迷いの構造を根本からあばきだしました。そしてそれとともに、そこから脱却する道を指し示すことが、仏教の世界観であったのです。善因楽果・悪因苦果という説は、勧善懲悪（かんぜんちょうあく）という道徳的あり方を規定して、人間をきめつけ束縛しようとするものではありません。それはむしろ、人間世界の迷いの構造を示すことによって、そこからいかにして脱却するかということを教えようとするところに、本来の眼目があるのです。

浄土往生の意味

親鸞聖人が仏道修業においてめざされたのは、「生死出づべき道」をみいだすことにあったことは、『恵信尼消息』第一通に明らかであり、それが聖人にとって「後世のたすからんずる縁」にほかならなかったのです。そのことについて、法然聖人が「ただ一すぢに仰せられ」た念仏の道を「うけたまはりさだめ」られたところに、「住正定聚・必至滅度」の境地が開かれてきたことは、重ねていう必要はないでしょう。

親鸞聖人にとって、浄土は「受楽間なき」ところではなく、あくまで生死輪廻

を離れたさとりの世界であったのです。その意味では、『教行信証』「真仏土巻」に、

安養浄刹は真の報土なることを顕す。惑染の衆生、ここにして性を見ることあたはず、煩悩に覆はるるがゆゑに。（中略）安楽仏国に到れば、すなはちかならず仏性を顕す。本願力の回向によるがゆゑに。

（『註釈版聖典』三七〇～三七一頁）

といわれるように、私たちは現世に生きているかぎり、さとりの世界である浄土の本質を知ることはできないのであり、それは、浄土に生まれて初めて開かれる境地だと言えましょう。

しかし、人間は現実のいろいろな悩みや苦しみにであう時、深い宗教的要求として、韋提希夫人のように「憂悩なき処」（『観無量寿経』、『註釈版聖典』九〇頁）を求めてやみません。そういう要求をみたすものは、「無生の生」とか「生即無生」と

いった表現ではなく、「安養の浄土」とか「無量光明土」に「往生する」といった表現ではないでしょうか。親鸞聖人がご門弟へのお手紙の中で、

　かならずかならず一つところへまゐりあふべく候ふ。

（『親鸞聖人御消息』第十五通、『註釈版聖典』七七〇頁）

とおっしゃったり、また『歎異抄』第九条に、

　なごりをしくおもへども、娑婆の縁尽きて、ちからなくしてをはるときに、かの土へはまゐるべきなり。

（『同』八三七頁）

と記されているのは、そうした私たちの宗教的要求というものをふまえていらっしゃると考えることもできます。

そこでいわれている浄土は、この世界のどこかにある金色燦然とした国ではなく、まさに有無を離れたさとりの世界であり、一切の苦悩を断滅した無量光明土です。その世界は同時に、阿弥陀さまが私たちを救済するために「招喚の勅命」(「行巻」)である名号を発信される源であります。私たちも浄土に生まれたならば、ただちにそのはたらきに参加して衆生済度にでることになるでしょう。親鸞聖人はそのように浄土をうけとられていたのではないでしょうか。

「浄土往生」ということをそのように受けとめる時、現代の人間もその深い意味に気づくことができると思います。

往生と成仏

浄土往生のリアリティ

「浄土へ生まれる」ということはどういうことなのでしょうか。また、「浄土へ生まれて仏になる」ということはどういうことなのでしょうか。どちらも、浄土の教えにとって肝心なことなのに、近頃はあまり言われなくなってしまいました。

昔はそうではありませんでした。「浄土往生」ということは、現世の苦しみにうちひしがれた者たちにとって最大の願いでしたし、そこで仏になるということは、何にもまして大きな喜びでした。蓮如上人（一四一五―一四九九）の『御文章』の中にはくりかえして「往生極楽」が語られています。「厭離穢土・欣求浄土」は当時の人びとの合い言葉だったのです。その文字を書いた大きなむしろ旗を押し立てて、合戦にくりだす一向一揆の映像が、テレビなどで映し出されることがあります。それは、当時の農民のエネルギーのあらわれであり、また彼らの最大の願望の表現でもありました。

しかし、今頃「浄土往生」などと言えば、現実から目をそらせて、ありもしない架空の幻想に捉われている、時代遅れの世迷いごとと嘲笑されるでしょう。生きているいまこそが一大事で、死んだ後のことなんてわかるわけがないし、わかってもどうなるものでもない、というのが一般の考えです。「成仏する」といっても、それは「死んでしまう」ということとほとんど同じ意味で、この世のことに執着や未練を残さず、安らかに死ぬことをいうようです。「往生」や「成仏」という言葉は、いまでもよく使われる言葉ですが、その本来の意味は失われて、まったく日常的なものになってしまっています。

仏教の言葉が私たちの日常生活にとけこんでいることは、それはそれでよいことなのでしょうが、肝心なことが本来の意味からはずれて用いられることは、教えを伝えるという点から言えば、喜ぶべきことではありません。そこに重要な言葉が、つねに新たに解釈し説明されなければならない理由があると言えましょう。「往生」や「成仏」という言葉は、現在それが最もつよく求められている言葉です。

象徴的表現としての浄土

一九八九（平成元）年、岩波書店から発行された『仏教辞典』には、「往生」ということについて、とくに親鸞聖人はそれを現世のこととしていわれたということが記され、話題になりました。たとえば、「親鸞」という項には、

他力信心による現世での往生を説き、（後略）（初版、四七四頁）

と書かれています。聖人の書かれたものの中には、たしかに「即得往生（そくとくおうじょう）」という言葉がありますが、それは浄土往生が定まるという意味で、すぐそのまま往生するという意味ではないように思われます。現世での往生を強調するというような

現実的な考え方は、現代の人間の関心を反映しているのではないでしょうか。ある意味では、それは現代人の人間中心主義や現世中心主義の考え方を示しているとも言えましょう。

西方十万億土の極楽浄土というような表象は過去の宗教的な幻想で、人間の満たされない願望の表現にすぎないというのでしょう。そんなことを親鸞聖人がお説きになるはずがない、と考える人が多いようです。しかしそうした理解は、宗教を人間の願望の空想的実現とみる、唯物論哲学者のフォイエルバッハの願望説の適用にほかならぬように思われます。「浄土」とはそういうものなのでしょうか。

宗教的表現はすべて象徴的表現であるということをいったのは、アメリカの有名な神学者、パウル・ティリッヒ（一八八六―一九六五）です。象徴的表現とは、ここに何かものがあることを直接言いあらわすというような表現ではありません。それは、普通の事柄を言いあらわすのではなく、高次のリアリティ（現実）を表現するものであり、同時に人間の意識の深い層に対応するものでもあるのです。

「浄土」という言葉はまさにそういう表現であり、単に満たされない願望の空想的表現といったものではなく、そこには、人間の心の深いところに生きている願いがリアリティをもって表現されているのです。それは、ただ生きているのではなく、意味を求めて生きる人間のあり方に結びついています。この束の間の人生に何らかの意味や目的を見いだそうとすることは、人間の本質的な態度です。そこに、天国や極楽といった表象が人類共通のものとして世界のあらゆる宗教に生まれてくる理由があるのです。ただ「浄土」は、そういった表象とは少し違ったところがあるようです。それは「さとり」ということと結びついているところです。

「浄土三部経」には、たしかに金銀・瑠璃・玻璃などの七宝によって荘厳された宮殿楼閣や八功徳水の池など、感覚に訴える極楽の描写がありますが、「浄土」という表現は、やはり浄らかな仏国土ということが中心で、ことに親鸞聖人は「真仏土」として、それがさとりの世界であることを強調されています。『教行信証』

「真仏土巻」をみれば、聖人が浄土をどのように考えておられたかがよくわかるのですが、それは一口に言えば、「無量光明土」にほかなりません。「光明」とは智慧であり、さとりです。「浄土」は要するにさとりの世界なのです。この現実の迷いの世界を離れてさとりの世界に生まれることが「往生」ということであり、そこでさとりをひらくことが「成仏」ということです。いったい何が問題になっているかは明らかではないでしょうか。つまり「さとり」、すなわち生死輪廻を離れることこそが、「浄土往生」や「成仏」ということの根本問題なのです。

往生浄土の意味

浄土真宗の教えにおいては、「往生」や「成仏」は「生死出離」とひとつに結びついた問題です。この生死輪廻の迷いの世界を離れて真実の世界に生まれたい、そしてそこで一切衆生を救済するはたらきに参加したいという願いが、浄土往生ということの基礎です。

『教行信証』には、『往生論註』から、

もし人無上菩提心を発せずして、ただかの国土の受楽間なき（無間なる）を聞きて、楽のためのゆゑに生ぜんと願ぜん（願ずるは）、またまさに往生を得ざるべきなり。

（『註釈版聖典』二四七頁・三二六頁）

という言葉が「信巻」と「証巻」に重ねて引かれています。この無上菩提心は、親鸞聖人によれば願力回向の信楽であり、願作仏心（さとりをひらきたいと願う心）にほかなりません。その願作仏心はそのまま度衆生心（衆生を済度して仏国土に生まれさせようとする心）です。如来よりたまわった信心は、浄土に生まれてさとりをひらき、ただちに衆生を済度しようとはたらきでる心であることを、聖人はここで言おうとされているのです。

極楽浄土が安楽きわまりないところと聞いて、そこに生まれて楽を得たいと思うような者は、生まれることはできない、という曇鸞大師の言葉は、ふつう私たちが考えている浄土往生ということとはたいへん違っています。浄土往生が、現世の苦しみから離れて楽を得たいという願望だけにもとづくなら、こうした言葉は出てこないでしょう。それで先に、「往生」があくまで「さとり」と結びついていると言ったのです。

中世の戦乱の時代、生きるも地獄・死ぬも地獄といった状況の中では、「念仏称えて極楽往生」というスローガンは、大衆動員の手段として大きな効果があったのでしょうが、現在ではそうしたことは意味をもちません。その頃の「欣求浄土」ではなく、菩提心と結びついた「浄土往生」ということをいまは明らかにしなければなりません。

生死出づべき道

親鸞聖人は、『歎異抄』第二条で、

念仏は、まことに浄土に生るるたねにてやはんべらん、また地獄におつべき業にてやはんべるらん、総じてもつて存知せざるなり。たとひ法然聖人にすかされまゐらせて、念仏して地獄におちたりとも、さらに後悔すべからず候ふ。

（『註釈版聖典』八三二頁）

とおっしゃっています。どうしてこんなに思い切ったことが言えるのでしょうか。それは、聖人は、地獄におちたり極楽に生まれたりするということよりも、念仏の信心によって生死輪廻の迷いを超え出るということのほうが、はるかに大切なことと考えておられたからです。

何度も言うように、『恵信尼消息』第一通には、親鸞聖人が法然聖人にお会いになってお聞きになったことは「生死出づべき道」であったことが、具体的に記されています。

後世のたすからんずる縁にあひまゐらせんと、たづねまゐらせて、法然上人にあひまゐらせて、また六角堂に百日籠らせたまひて候ひけるやうに、また百か日、降るにも照るにも、いかなるたいふにも、まゐりてありしに、ただ後世のことは、よき人にもあしきにも、おなじやうに、生死出づべき道をば、ただ一すぢに仰せられ候ひしを、うけたまはりさだめて候ひしかば、「上人のわたらせたまはんところには、人はいかにも申せ、たとひ悪道にわたらせたまふべしと申すとも、世々生々にも迷ひければこそありけめ、とまで思ひまゐらする身なれば」と、やうやうに人の申し候ひしときも仰せ候ひしなり。

（『註釈版聖典』八一一～八一二頁）

ここには、親鸞聖人が比叡山をおりて六角堂に百日間参籠し、後世を祈っておられたその九十五日目の朝に、聖徳太子の示現に会われたこと。そして、法然聖人をお訪ねになり、百日間、教えをお聞きになったという、求道の過程が述べられています。そこには、法然聖人が「後世のことは、よき人もあしきにも、おなじやうに、生死出づべき道をば、ただ一すぢに仰せられ候ひし」と記されています。ここで、「後世のこと」といわれていることと「生死出づべき道」ということとは同じことなのでしょうか。

親鸞聖人のはじめの願いは「後世のたすからん」ことであったのでしょうが、法然聖人の教えは「生死出離」、すなわち迷いから解脱するということであったように思われます。親鸞聖人は、念仏の信心に目覚めることによって、そのことに気づかれたのではないでしょうか。そこから、「法然聖人のいらっしゃるところなら、たとえ悪道であろうとも、迷いつづけてきた身であるからかまわない」という言葉も出てくるのでしょう。「後世のたすかる」ということと「生死出づべき道」ということとは同じようにみえて、本当は根本的に違うことになります。

衆生を利益する

「仏になる」ということの根本の意味はさとりをひらくということであり、それは生死輪廻の迷いから解放されるということだと言いました。親鸞聖人は、浄土往生ということの意味をそこに見いだされたのであり、だからこそ、他の人のいわれなかった「往生即成仏」ということをおっしゃったのではないでしょうか。

念仏の衆生は横超の金剛心を窮むるがゆゑに、臨終一念の夕、大般涅槃を超証す。

（『註釈版聖典』二六四頁）

と「信巻」には記されています。これは、信心を獲ることによって、念仏行者は命終わると同時に浄土に往生してさとりをひらく、ということです。

親鸞聖人は、曇鸞大師から、浄土に往生するとただちに迷いから解放され、衆生を済度するはたらきに参加することができるということを学ばれたのです。それが還相ということにほかなりません。近頃は「往生」や「成仏」と同様に、「還相回向」ということもあまり言われなくなったようですが、浄土真宗は往相・還相の二種の回向という教えで成り立っていることは、「教巻」の冒頭の文からも明らかです。

「還相回向」という教えは、この現実の世界と浄土の世界とを動的につなぐものとして、限りなく重要な意味をもっていると私は思います。はるか十万億土からこの世へ帰ってくる、というようなことではなく、この現世がつねに浄土からさしこむ光明によって照らされているということを、「還相」という言葉は示しているのではないでしょうか。

また「還相回向」とは、上求菩提(じょうぐぼだい)・下化衆生(げけしゅじょう)という大乗仏教の精神の浄土教における実現を約束する言葉だと言ってよいでしょう。煩悩具足の凡夫である私たちが、衆生を済度することはとてもできることではありませんが、本願力によって浄土に生まれたならば、ただちに仏のはたらきに参加することができるという教えは、大きな希望として私たちを力づけます。

親鸞聖人が法然聖人を還相の仏菩薩として仰いでおられたことは、

智慧光(ちえこう)のちからより
本師源空(ほんしげんくう)あらはれて
浄土真宗(じょうどしんしゅう)をひらきつつ
選択本願(せんじゃくほんがん)のべたまふ
（『高僧和讃』、『註釈版聖典』五九五頁）

阿弥陀如来化(あみだにょらいけ)してこそ
本師源空(ほんしげんくう)としめしけれ
化縁(けえん)すでにつきぬれば
浄土(じょうど)にかへりたまひにき
（『同』五九八頁）

といった和讃によって知ることができますが、親鸞聖人は浄土からの光を法然聖人において身近に感得しておられたのです。その光は、私たちを迷いの闇から導きだす力であり、そしてその力によって私たちも衆生済度のはたらきに加わることができるのです。それが「還相回向」ということです。

人間は自己中心的な存在で、それが迷いと苦悩の根源であることは言うまでもありませんが、同時に、私たちの心の中には人の役に立ちたい、力になりたいという気持ちもあることは、たとえば災害時のボランティアの活動などによっても知ることができます。しかしそうした気持ちは、そのままでは末通らないものであることも、残念ながら事実であると言ってよいでしょう。そこに「還相回向」があくまで浄土往生の後のこととされる理由もあるのです。

しかし、だからといってそれが空しいこととは言えません。いまは十分にはできないけれども、かならず「おもふがごとく衆生を利益する」時がくるという約束は、人間に大きな喜びを与えるのではないでしょうか。

「浄土往生」とか「成仏」ということは、現代の人間にとっては本当によそよそしいことになってしまいましたが、この現実の世界でいろいろな苦しみに悩まなければならないという事実は昔と少しも変わりませんし、私たちの心の深いところにそういう苦悩から脱したいという願いがあることも否定することはできません。親鸞聖人の教えは、そのような人間の願いに応えるものであることを知り、真剣に学ばなければなりません。

還相回向について

二種の回向

親鸞聖人によって示された「二種の回向」、すなわち「往相・還相の回向」という思想は、浄土真宗の根幹であるばかりでなく、大乗仏教思想の根幹でもあります。このことが、近頃は十分理解されなくなってきたようです。それについて、少し考えるところを述べたいと思います。

「往相」とは往生浄土の相状であり「還相」とは還来穢国（げんらいえこく）の相状であって、いずれもが他力回向によって実現されるということとは、浄土真宗の教えとして熟知されているところです。親鸞聖人は、曇鸞大師の他力思想を基礎とし、さらにそれを発展させて、この二種の回向という考えに達せられました。しかしこのことが、単に教義としてではなく、具体的にどういう事柄をいっているのか、そこで聖人は何を言おうとされているのか、ということについては、従来、必ずしも十分明らかにされていなかったのではないかと思います。またそのために、今日、その意味が理解されにくくなったのではないか、と私は思うのです。「教巻」の冒頭に、なぜ親鸞聖人は、

　つつしんで浄土真宗を案ずるに、二種の回向あり。

（『註釈版聖典』一三五頁）

といわれたのか、そのことの意味は何なのかを考えてみましょう。

一九九〇（平成元）年、岩波書店発行の『仏教辞典』の「教行信証」の項と「親鸞」の項の記載をめぐって、西本願寺当局が岩波書店に訂正を申し入れました。辞典の問題の箇所には、それぞれ（親鸞は）「この世での往生成仏を説いた」「他力信心による現世での往生を説き…」と記されています。親鸞聖人の教えによれば、現

世では「浄土往生が決定する」のであって、「往生する」のではないことは、その教えを学ぶものなら誰もが知るところであり、その意味ではその訂正の申し入れは当然であると言えましょう。

しかし、なぜに辞典にこうした記載がなされたのかということを考えてみると、その背景に現代の人間にとって浄土往生ということが理解されにくくなっているという事態があるように思われます。死後の世界、すなわち天国とか地獄とか、学問的には他界観念といっている宗教的表象は、今日の人間にとってはそのリアリティを失なってしまったかのようです。

そのこととともに、浄土真宗の教えは、死後の浄土往生のみを説く消極的・逃避的なものではなく、積極的・建設的なものであることを明らかにしたいという気持ちが、その教えを学ぶものに共通にあることも否定できません。現世において念仏の信心を獲得することによって、人びとは積極的に現実の中へはたらきでる力をえるのであり、ただ手をこまねいて死後の極楽往生を願っているのではない、ということを言おうとするところから、こうした「現世での往生」という表現がなされたのでしょう。そこには現代の浄土教理解の根本にかかわる問題があらわれています。

しかし、「浄土往生」ということが理解されにくくなっているからといって、その意味を現代の人間の理解できるように変えるということは、正しい態度とは言えません。むしろ問題は、そういう宗教的表象を通して何が語られているかということを、正しく理解し解釈することにあるのです。その理解や解釈が正しいかどうかは、それによって人びとの心の中に宗教的世界が新たに開かれるかどうかによって定められましょう。それが可能になった時、初めてこうした宗教的表象は現代によみがえるのです。

「浄土往生」でさえ理解が困難になっている現代においては、「還来穢国」、すなわちいったん浄土に往生して仏になり、さらに現世へ衆生済度のために帰ってくるというような表象は一層理解されにくいでしょう。まさに神話的表現として解釈に苦しむというのがいつわらぬところです。従来の真宗学の立場からする説明も、その表象の具体的な解釈に立ち入らず、主として『往生論註』によって解説を試みているに過ぎません。しかし、親鸞聖人は「還相」ということを単なる思想としてではなく、文字通りリアルに受け止めておられたことは、『高僧和讃』や『歎異抄』などからもうかがい知ることができます。もしそうならば、聖人はそれらご著書でどういうことを考えておられたのかが問題になるでしょう。しかしそれについて述べる前に、「往相・還相」について哲学的理解を試みた一、二の説について考えてみましょう。

田邊元の『懺悔道の哲学』

「往相・還相」をめぐって哲学的な立場から独自な解釈を展開し、「往相即還相」という見地を明らかにされたのは、田邊元博士（一八八五―一九六二）です。『懺悔道としての哲学』に述べられるその趣旨は次のごとくです。まず信仰というこ

とは自己の救済を離れては成立しないのであるから、「往相」が問題になることは当然であるとしたうえで、

しかしながら如来大悲の願が法蔵菩薩因位の修業に媒介せられるとする浄土教の思想そのものが、すでに全体として如来廻向の還相性を根柢とするのであって、如来における自己内還相即往相ともいうべき循環性が、衆生の救済における往相即還相というべき事態を成立せしめると考えなければならぬことも否定できない。

（藤田正勝編『懺悔道としての哲学　田辺元哲学選Ⅱ』三二九頁）

といわれ、それが、

大乗仏教本来の特色たる菩薩思想を対自的に展開するものとして、浄土教の

具体性を表わすものであるといわれるであろう。（同頁）

とされます。田邊博士は「往相・還相」ということが、単に浄土への往き還りということではなく、「上求菩提・下化衆生」という大乗仏教の根本精神の具体的実現として語られていると理解されているのです。

そのことをさらに哲学的にいうならば、こういうことです。

絶対は絶対媒介としてあくまで自らの媒介たる相対の自立性対自性を認め、相対をしてそれの相対性すなわち相対と相対との対自的関係において、媒介としての自立性を発揮せしめることを通じてのみ、自らのはたらきなる転換の大非大悲を行ずることができるものでなければならぬ。

（『同』三三三〜三三四頁）

のであり、

相対が相対に対する還相行を媒介することなしには、絶対が相対を救済に摂取する往相は不可能となる理である。（『同』二三四頁）

のです。もとより「還相において相対が相対に対する」といっても「単なる相対が他の相対に対するという意味」ではなく、「あくまで絶対の媒介に依るのでなければならぬ」のであり、

自らが単に絶対の媒介として絶対に奉仕する媒介存在としての自然法爾の行が、絶対の唯一のはたらきなる救済の絶対転換に媒介となり方便となって、無作の作として絶対に奉仕し、以て他の相対に対する絶対の救済作用に自ら媒介となる（同頁）

のであり、「この相対の協力参加なくしては絶対の相対に対する救済は不可能である」（同頁）のです。

如来の立場から自己内展開であるものが、衆生の立場からは救済摂取であって、後者の前者に対する媒介性が後者の交互性の平等により実現せられることが、前者の対自的現成である。

（『同』三三六頁）

のであって、「この二重の交互性が如来の絶対媒介を成立せしめる」（同頁）のであり、その構造が「往相即還相、還相即往相」であるといわれるのです。

なぜ、田邊博士はこのようにいわれるのでしょうか。それは、真宗の教義としては往相は還相に先立つとするのが本義でしょうが、

如来と衆生との人格的関係にまで具体化せられた浄土教が、その仏々交讃協

同の関係を衆生の方便的媒介性にまで還相せしめ、衆生済度の即自態としての往相を対自態において媒介せられる還相に相即せしめることは必然ではないか。

（『同』三三七頁）

と考えられるからです。

田邊博士がこのように「往相即還相」を強く主張されるのは、その背後に、博士の「懺悔道」という立場からする浄土真宗に対する批判があることに注意しなければなりません。博士は、浄土真宗を、

仏教本来の観想的態度を変更し、行信の社会作用を絶対者の大悲本願に根柢づけられたものとする立場に転じ、絶対相対の転換的交互性を、相入相即の極点にまで徹底した如くに見える

（「哲学入門　補説第三　宗教哲学・倫理学」、『田邊元全集』第十一巻、五〇八頁）

として高く評価しながら、同時に、

最後の一点に於て媒介の弁証法を徹底せず、一方的に絶対の相対に対する止（し）揚包摂（ようほうせつ）に偏して、他方絶対みづから自己否定的に相対の不可測的自発性を認め、これをその自由にまかせてかへつてそれを活かし、もつてそれを絶対自身の否定的媒介に転ずるといふ半面を見逃したのは、交互的媒介の徹底に一貫を欠いて九仞（きゅうじん）の功を没するものであるといはざるを得ません。（同頁）

といわれています。すなわち、

弥陀の本願が一方的に往生を決定し、衆生をそのまま平等に摂取するといふだけで、逆に本願そのものが、自己否定的に衆生の個性を自らの媒介として活かす側面を欠くのは、衆生の個別存在を成立たしめる伝統的地盤となり、同時にそれを否定転換することにより個体の不可測的自由を媒介するところの、種的共同社会といふものを認めない抽象性に由来するものであるといはなければなりません。（五〇九頁）

として、その救済思想としての不十分さを批判されるのです。そうした見地から、「他力信仰に対する自力的倫理の媒介」（『同』五〇九〜五一〇頁）、すなわち具体的には、

社会的生活を民衆と共にし、社会倫理を彼等の協力によつて革新するといふ、倫理的ないし政治的実践と自らを媒介することによつて、初めて宗教の還相的覚醒（かくせい）行為を具体化することができるのです。（『同』五一一頁）

とされます。

そして、「この倫理的実践に於ける自己の矛盾、行詰り、自悔自責の極に於ける絶望を転機として」いわゆる「悲歎述懐」が醸生され、その「悲歎述懐の基底をなす懺悔」が「自力の他力に転ぜられる関門」となり、「絶対転換の通路」となるとされるのです。そして、この関門を開閉する扉は「社会倫理の伝統と展望」であるといわれるのです。(『同』五一一頁)

田邊博士の「懺悔道」の立場からする浄土真宗批判の当否はさておき、こうした理解が「往相・還相」についての従来の理解にやはり一つの問題提起をしていることは否定できません。その点において今後なお検討されるべき意味をもつと私は思います。

武内義範の「二種回向」理解

田邊博士の以上のような考えに対して、その意味を十分理解しつつ、さらにやや異なった観点から「往相・還相」について論じられたのが、武内義範先生です。

武内先生は、田邊博士の考えをめぐって、

有限者がどこまでも有限であるということを自覚しながら、しかも絶対者が絶対者としてわれわれに関係する。絶対者が人間の自由というものを媒介として、人間の自由を自由として確保しながら、そういう絶対者の道を実現してゆく道が、田邊先生の「懺悔道」ということで考えられたことであります。

（「往相と還相」『武内義範著作集』第二巻、二二〇頁）

と理解されています。そこでは、

一切のもの（相対者）を粉砕してしまうような威力、あるいは初めから相対者を柔らかく包んで、温室の中に入れておくような絶対者でなくて、相対者のいちいちに自分の有限性を知らしめる。そして有限性に固執している我性というものを捨てしめて、絶対の慈悲を仰ぐ、そういう形で絶対者に手助けになるような、絶対者の意志を自分の意志として、自分自身の自由から働けるような絶対者の協力者になる。そういうものが相対者のほんとうの意味でなければならない。

（『同』二三〇頁）

と田邊博士においては絶対者と相対者の関係が考えられ、また「往相即還相」ということも考えられるとされています。

こうした田邊博士の考えに対して、武内先生は、「往相即還相・還相即往相と必ずしも言いえない重要な差別が両者（往相と還相）の間に存在します」（『同』第二巻、二三二頁）とされ、田邊博士の説に全面的に同意されてはいません。しかし他面また、「そういう言い方で言わなければならないような、二つのものの非常に密接な関係というものもまた存在します」（同頁）と言われ、その点については、「今までの真宗学者や真宗の信仰に生きている人も、ややもすれば見失いがちであったのではないか、と思われます」（同頁）として、こうした表現は現代の時点では非常に有効ではないかと指摘されています。

そうした観点から、武内先生ご自身の「往相・還相」についての考えとして、「往還（道）における出遇い」ということを中心に次のようにいわれます。

道というものは、私が道を歩むというときに、その道において汝に出遇う。その汝というのは涅槃からの、彼岸からの人として私に出遇って下さる。（中略）そういう形で私と汝の出遇いのあるところにほんとうの道があり、道の人としての汝がある、こういうふうに私は思うわけです。往相と還相というのも、道のあり方である、そう言っていいと思います。（『同』二二四頁）

そして、「往相のあるところに還相があり、還相のあるところに往相がある。（中略）往相・還相が一つであるところに道がある、それが念仏の道の考え方でなかったろうか」（同頁）といわれ、私たちが往相において、先ず浄土に往って、それから還相の菩薩として還ってくるという考え方もできるけれども、「往相と還相は二つ一緒になって働いて、それが弥陀廻向ということであり、念仏である。そういう形で我々の方に来ているものとして把えられているかと思います」（同頁）と述べられています。

そして、そういう見方に立って還相ということを具体的にいうと、

利他教化、「自ら信じ人を教えて信ぜしむ」ということがほんとうにできるのは、浄土へ往ってからだと親鸞聖人は言っておられますけれども、浄土へ往ってからだということは非常に逆説的で、むしろその点にこそ、聖人が「身を粉にしても」というような仕方で、教人信の世界をこの現世において実現し、そのための道を邁進しておられる所以があります。　（『同』二三一頁）

とされ、「利他教化は後のことだ、今はしなくてもいいと、後に残しておくという意味でなくて、教人信はいくらやってもできない、いくらやってもほんとうの教人信にならない。如来でなくてはできないのだと考えながら、正にその故に教人信に専心しているというところに、自分でない還相活動というものが我にもあらぬ力で働くのではないでしょうか」（『同』二三一～二三二頁）と述べ、それが、「往相・還相が一つであるところに道がある、それが念仏の道の考え方でなかったろうか」（『同』二二四頁）と、「教人信」の背景として「往相・還相」が如来廻向としてあることを武内先生はいわれるのです。

そのことは、親鸞聖人が法然聖人を還相の菩薩と信じておられたが、それは法然聖人が自分を還相の菩薩だと言われたからではなくて、あくまで愚痴の法然房と言われているからこそ、還相の菩薩とみられたということとが深く応じている、と武内先生は考えられています。「往相・還相」とは、そういう意味でひとつとされるのです。

親鸞聖人の二種回向

田邊博士や武内先生の考えは、確かに「往相・還相」の理解に新たな視野をひらくものと言えましょうが、親鸞聖人の教えに即して考えてみると、そこにやや異なった理解が成立するように思われます。それについて最後に簡単に触れておきましょう。

「還相回向」については、真宗学では二つの観点があるとされます。一つは仏の側からの還相回向であり、他は衆生の側での還相回向です。前者については「高僧和讃」の、

大心海(だいしんかい)より化(け)してこそ
善導和尚(ぜんどうかしょう)とおはしけれ
（『高僧和讃』、『註釈版聖典』五八九頁）

とか、

智慧光のちからより
本師源空あらはれて
（『同』五九五頁）

といった表現から、親鸞聖人が善導大師や法然聖人を還相の仏・菩薩と鑽仰されていたことがうかがえます。後者については、『歎異抄』第四条の、

念仏して、いそぎ仏に成りて、大慈大悲心をもつて、おもふがごとく衆生を利益する
（『註釈版聖典』八三四頁）

とか、同じ『歎異抄』第五条の、

いづれもいづれも、この順次生に仏に成りてたすけ候べきなり。
（『同』八三四～八三五頁）

といった表現から、やはり聖人が浄土へ往生して後、成仏して衆生を済度するはたらきに参加すると考えておられたことがうかがえます。親鸞聖人のお気持ちの中にはこの二つのことが分かちがたく、しかもリアルに生きていたのです。このことが忘れられてはなりません。

なぜ、親鸞聖人において菩薩の還相と衆生（自己）の還相とが結びついていたのでしょうか。それは聖人の宗教的生においては、その二つのことが一つに成立していたからです。生死出離の道を求めて法然聖人に出会い、その「ただ念仏して、弥陀にたすけられまゐらすべし」（『歎異抄』第二条、『同』八三二頁）という教えを聞いて信心開発し、念仏門に帰入された親鸞聖人にとって、法然聖人は「ただ人」ではないと受け取られたのは当然でありましょう。生涯、「よき人」として師法然聖人を鑽仰された親鸞聖人のお気持ちは、私たちにもよく理解できます。それが宗教的に表現されると、法然聖人は仏・菩薩の化身といわれるのです。

それとともに、如来回向の真実信心が開発し、罪悪深重の自己の浄土往生が決定したということは、如来の願船に乗じたということであり、願力のはたらきに参じたということです。大悲の願船は浄土と穢土を往来します。いま願船に乗じたからには浄土に往生し、成仏してただちに穢土に還り衆生済度に参加できると、親鸞聖人が考えられたことは決して不思議ではありません。自己の力によってではなく、願力自然のはたらきによってそれが実現するのです。その気持ちは、

もしわれあきらかによく衆生のもろもろの悪心を破壊せば、われつねに阿鼻地獄にありて、無量劫のうちにもろもろの衆生のために苦悩を受けしむとも、もつて苦とせず

（『涅槃経』、『教行信証』「信巻」引用文、『註釈版聖典』二八七頁）

という、かの阿闍世王の獲信後の気持ちに通じるものでありましょう。これは真実信心にそなわる「度衆生心」を語るものにほかなりません。もとより、煩悩具

足の私たちにこの世で衆生済度をする力はないが、自己の中に開発した信心にその力があり、それが来世においてはたらくのです。それを言おうとするのが「還相回向」です。

さらに、私たちがそういう「還相回向」にあずかるという見方は、現実の人間の生そのものの視野を深く大きく拡げる意味をもつと言えましょう。日常の生活において、とくに人間にとって堪え難いのは愛する者との死別です。いかなる者もその悲哀を克服することは容易ではありません。親鸞聖人自身そうした悲痛な経験を重ねられたことは、そのお手紙などからも推測することができます。聖人は、その悲しみを本当に癒すのは、浄土での再会であり、還相回向による済度のはたらきに参加できるという確信であると考えられたのです。東国の門弟の覚念坊が上洛の途上で亡くなった時の様子を聞かれ、かならずかならず一つところへまゐりあふべく候ふ。

（『親鸞聖人御消息』第十五通、『註釈版聖典』七七〇頁）

と消息に書かれたことや、また『歎異抄』第五条に、

六道四生のあひだ、いづれの業苦にしづめりとも、神通方便をもつて、まづ有縁を度すべきなり

（『註釈版聖典』八三五頁）

と記されていることなどから、それを知ることができましょう。

要するに「往相・還相の回向」という思想は、親鸞聖人において、その宗教的生を語るものとして極めて積極的な意味をもっていたということができるのであり、しかもそれは同時に、「上求菩提・下化衆生」という大乗仏教の精神の浄土教的表現として、深い思想的意義をもつものであったと考えられるのです。

いま　なぜ宗教か

科学者の生き方

一九四五（昭和二十）年八月中旬、天皇の放送で戦争が終わったことを知った広島・江田島（えたじま）の海軍兵学校の教官や学生は、ほとんど全員が茫然自失（ぼうぜんじしつ）の状態にありました。その時、一〇一分隊の自習室で、一人の教官が謄写版刷り（とうしゃばんず）のプリントを配って学生たちに訓示をしました。そこに記された「ドイツ国民に告ぐ」というフィヒテ（一七六二―一八一四）の講演の記録は、おそらく学生たちの誰もが知らなかったものだったでしょう。しかしそれは、ナポレオンの軍隊に蹂躙（じゅうりん）されたドイツ国民に対して、哲学者フィヒテが大学において自らの所信を述べ、敗戦の打撃から立直ることをうながそうとしたものでした。

私は、四月に入校したばかりの三号生徒（一年生）としてそれを聞いていました。

それまで兵学校出の軍人とは違って、大学出身の技術将校としていくぶん柔弱に見えていた分隊付きの士官が、静かではあるが毅然（きぜん）とした態度で訓示する姿に、大きな驚きと深い感銘を受けたことをいまも記憶しています。その士官は、のちに京都大学理学部長をされた富田和久（かずひさ）先生（一九二〇―一九九一）でした。富田先生は、東大理学部を出たのち海軍に入り、一九四四（昭和十九）年、兵学校の教官となられたのでした。

その時は何も知りませんでしたが、富田先生は、すでに一高在学中から三谷隆正（たかまさ）（一八八九―一九四四）、矢内原忠雄（一八九三―一九六一）両先生に師事されていた、無教会キリスト教の信者でした。そのことが、敗戦というすべての者にとっての大きなショックの中で、ひとり動揺することなく、フィヒテの講演によって学生たちを力づけようとされたことの基礎にあったと言えるのではないでしょうか。

宗教や信仰ということは、こういうことです。富田先生は戦後、東大助手を経て京大理学部に奉職され、科学者としてすぐれた業績を残されています。他方、先生は一九五八（昭和三十三）年に京都大学聖書研究会を始められ、また一九六二（昭和三十七）年から一九九一（平成三）年にお亡くなりになるまで、信仰通信誌「おとづれ」を刊行し続けられました。クリスチャンとしても、なすべきことをなしとげられたのです。

私は戦後、親鸞の教えに導かれて今日まで歩んできました。富田先生が在職された同じ大学に学びながら、先生とはその後ついにお話をする機会を得ませんでした。そのことは、いまとなっては残念でたまりません。一、二度大学の構内でお会いすることもありましたが、言葉を交わすこともなく、すれ違っただけでした。それでもいつか一度、先生にお目にかかってお話したいと思っていました。それは、先生の信仰に対する私の深い尊敬の念からでした。

富田先生ご自身がお書きになった言葉が、『富田和久遺稿・追想集』の巻頭に記されています。

われ信ず　死も　生命も　御使も　権威ある者も　今ある者も　後あらん者
も　力ある者も　高きも深きも　この他の造られたるものも　我らの主キリ
スト・イエスにある神の愛より　我らを離れしむるを得ざることを

仏教徒の私であっても、『新約聖書』「ロマ書」から引かれた先生のこの言葉に、何の違和感も感じることはありません。むしろ、永遠なものに触れえた富田先生の信仰に、心からの敬意をもちます。信仰とは、このように、ひとりの人間の存在の根柢そのものとして生き、時として決定的な場面において発露される。そして、他の人びとに大きな衝撃を与え、あるいは印象を残す。それは信仰としては語られないかもしれない。しかし、それがその人を根柢において支えている力としてはたらいていることは、誰にも感得できるのです。

はじめに述べた敗戦の時、私たちの分隊の伍長（ごちょう）（分隊長）は、宮崎大学工学部教授であった永田忍（しのぶ）氏（一九二九―二〇〇三）でした。永田さんも、富田先生の訓話に強い印象を受けた一人でした。永田さんは、富田先生の『遺稿・追想集』にこう書かれています。

〈富田先生が、〉日本敗戦のその瞬間に、しかも将校養成の軍隊組織の中にあって、〈軍人〉に向ってそのような話をされたということ〈に〉驚きと畏敬の念〈を抱いたが、後に〉京都大学で教室会議や学部長時代に先生から感じた先生の信念に満ちた生き方は、敗戦の時見たあの先生の姿が、青年期以来一貫してつらぬかれているものにほかならないというように私には思える。

〈括弧内引用者〉

岩波講座『宗教と科学』の別巻１「〈宗教と科学〉基礎文献日本篇」には、富田先生の論文「カオスの意義」が掲載されています。そこには、先生が「無教会派の敬虔なキリスト教徒」であることは記されていますが、その生き方については何も記されていません。

宗教を問題にするということは、何よりもその宗教（信仰）を生きる人間の生き方を問うということでなければなりません。この場合なら、科学者富田和久のキリスト者としての生き方が、その学問的業績とひとつに紹介されなければなりません。そこにこそ、科学と宗教の問題を考える鍵があると思われます。そうした観点を抜きにして、ただ科学者としての業績を記すだけで、どうして〈宗教と科学〉の基礎文献なのであろうか。そういうかたちでしか宗教と科学の問題を考えようとしない現代の日本の知識人のあり方に、私は根本的な疑問を感じました。

宗教的指導者の姿

『正法眼蔵随聞記（しょうぼうげんぞうずいもんき）』に、道元禅師（どうげんぜんじ）（一二〇〇―一二五三）が師事した如浄禅師（にょじょうぜんじ）（一一六三―一二二八）について、こういう記事があります。如浄は僧堂での指導がとくに厳しく、坐禅の時に僧たちが眠ると履物で打ち、また激しく叱りつけましたが、僧たちは皆打たれることを喜び、師を讃えました。如浄は、ある時法堂でこう言いました。

「私はもう歳をとったから、諸君の前から姿を消し、草庵にでも住んで、老体をいたわっていればよいのであるが、諸君の指導者として、その迷いを破り、仏道修行をたすけるために住持職についているのである。そのために、諸君たちを叱りつけ、打ちたたいたりするのである。これはまことに慎むべきことではあるが、仏に代わって諸君たちを導くてだてである。どうか諸君は慈悲をもってこれを許していただきたい」

それを聞いて、僧たちは皆涙を流しました。

ここには、宗教における指導者がどういうものであるかということが、ほとんど余すところなく語られています。指導者は自らの身を捨てる。自己を捨てて後進の指導をしてこそ本当の指導者と言える。そうでない者をどうして指導者と言えるのか。仏教ではそういう指導者を善知識と言い、正師（しょうし）と言います。道元禅師

は、

正師を得ざれば学ばざるには如かず。

（『学道用心集』、『道元禅師語録』二九頁、岩波文庫）

といっています。こうした指導者に遇うことが宗教というものの出発点である。道元禅師は如浄禅師に遇い、親鸞聖人は法然聖人に遇い、そこに初めて道が開かれた。導く者は師ですが、その師を師たらしめるものは弟子です。弟子が師をみいだすのであり、それによって師は師となるのです。師をみいだすことができるためには、弟子のうちに師をみいだす眼力が備わっていなければならない。それは弟子自身の宗教的要求によって育てられる。純正な宗教心が、初めて真の指導者を発見するのです。

悪知識が世にはびこるのは、教えを聞く者に本当の宗教的要求が育っていないからです。空中に飛び上がったり、水中に長時間潜ったりすることに驚いて師事するというようなことは、魔術師に弟子入りをするのと同じであり、宗教的な意味はまったくありません。まして、そうした不自然な行為の科学的証明と称してなされる不合理な説明を信じるというならば、科学どころか常識以前の幼稚さと言わざるをえません。それでは、宗教とは無縁なことになります。

『随聞記』にはこういうことも記されています。またある時、如浄は僧たちの眠りを覚ますために打ちはづかしめたが、それでもなお眠るのでこう言いました。

「僧堂に集まり修行しているのに、ただ眠っていて何になるのか。そんなことならどうして出家して禅門に入ったのか。世間の王や官吏（かんり）たちのだれが楽に世を過ごしていよう。王としての道を歩み、臣下としての忠義を尽くしている。さらに庶民は開墾し鍬（くわ）をとって田を耕し、ひとりとして楽に世を過ごしているものはいない。これをのがれて禅門に入ったのに、虚しく時を過ごすとはいったいどういうことか。生死解脱の問題は重大であり、無常は迅速である。仏道の先輩たちはみなそれを説いている。今晩にも明朝にも、どんな死をとげ、どんな病気になるかわからぬではないか。しばらく命のある間に仏道に励まずに、眠って虚しく時を過ごすのはまったく愚かなことだ。そんなことだから仏法は衰えてゆくのだ。諸方で仏法がさかんであった時には、道場では坐禅を専一にしていた。近頃は諸方で坐禅をすすめないので仏法がだめになってゆくのだ」

　生死解脱はこれほどの問題です。薬物や一時的な瞑想(めいそう)によって容易に到達できるようなものではありません。如浄は、夜は十時、十一時まで、朝は二時、三時から起きて僧たちとともに坐禅をし、一日もおこたることはなかったと伝えられます。それほど力を尽くしても、本当に解脱に達したものは、如浄の門下でもおそらく数えるほどもいなかったでしょう。だからといって、そうした努力が無意味だとは言えません。努力が積み重ねられることによって道が開かれる可能性がきざす。ある心理的状態にたやすく達するといって集団暗示をかけるようなことが、果たして宗教的な境地の達成と言えるのでしょうか。

宗教的指導者とは何であるか、到達すべき境地がどういう境地かを多少でも知るほどのものならば、真の宗教が何であるかは自ずから明らかでしょう。

要するに、真の宗教は勇猛心を必要とします。その点では、易行道とされる浄土門でも同じです。もとより老少男女善悪を選びません。しかし道を求める真剣な心を抜きにしては宗教的世界は開かれないのです。

人間存在の根底

現代のすぐれた科学者であると同時に真摯なキリスト者であった富田和久先生と、中世の卓越した禅の指導者如浄禅師について記しました。ここには「宗教とは何か」ということが具体的に明確にあらわれていると私は思います。

宗教学者は、あらゆる宗教を客観的に記述することをめざします。それぞれの宗教の真偽や価値を問うことはしません。それが客観的宗教学の立場であるとされています。しかし、現実に宗教には多様な性格があります。宗教という名において反社会的な行動をするものは東西にあとを断ちません。それを見て、評論家といわれる人たちは、宗教全般の存在理由を問おうとします。しかし、宗教には真なるものと偽なるものとが明白に存在するのです。偽なるものによって真なるものの評価をしてはならないのです。それは、破壊的な側面をもつからといって科学や技術を否定しようとするのと同じことです。

真なる宗教と偽なる宗教とは質的に異なる面をもちます。両者は決して連続してはいません。みな同じ宗教現象だと思っているのは、宗教を外からしか見ない宗教学者だけです。超越的な存在あるいは領域についての信念と行為という規定をすれば、外からみると、どの宗教も同じに見えます。しかし、その信念と行為の内容が問題なのです。老病死などの避けがたい事実に直面して深く悩んでいる人に、新しい生命の領域を開示し、その悩みから本当にその人を解放することができるかどうか。それが、宗教の真偽を決定します。それ以外の基準はないと言ってよいでしょう。

とくに一九九〇年代のオウム真理教の事件をめぐって、世の識者たちは、既成宗教、とくに仏教の無力を非難しました。僧侶や教団は何をしているのか、悩める人たちを救うのが宗教ではないのか。それをしないで教団や寺院の維持に汲々としているから、若者は新宗教に走るのだ、と。

多くの僧侶は葬送儀礼に携わっています。それはたいへんな仕事です。もし葬送儀礼を行なわなかったらどうなるのか。考えてみるまでもないことでしょう。仏教教団は習俗の中に組み込まれている。葬儀社と同じく、それは現在の社会生活に不可欠な要素であり、機能となっています。現在の多くの仏教教団は、人びとの宗教的な問いに答え、その信仰や信念の確立に寄与するほどの余裕と力はもっていないと言ってよいでしょう。そうした教団に、人びとの悩みの解決を要求するのは見当違いと言わなければなりません。

問題はそんなところにあるのではありません。わが国において、現在、宗教をめぐっての最大の問題は、公教育における宗教教育の欠如にあります。

山折哲雄氏は、オウム真理教の取材に来たマスコミの人に「あなたの宗教は」とたずねると、ほとんどの人が少し考えた後「無神論者です」と答えたと、インタビューで言っておられました。無神論者とは、神を信じる者の反対者としていう言葉です。有神論の伝統の中で育ちながら、それに疑問をもち、自らの思考と決断によって無神論の立場を選択したものが、初めて自分は無神論者だと言うことができるのです。それは、「私は自分の存在の根拠を何ものにも依存しない」ということと同じです。それほど強い信念をマスコミの人たちが持っているでしょうか。むしろその人たちは、「私は無信論者」だと言うべきだったのではないでしょうか。「生きていくのに信仰や信念など必要ではない。自分の存在の根拠を絶対的なものに見いだそうとする必要はないと私は考えている」と言うべきだったのです。

有神論の伝統の中にある人たちが、そういう「無信論者」を信用できないと思うのは当然です。家族とか、財産とか、名誉とか、そういう具体的なものが自分の生きがいだというなら、浅薄であるにしても、それはそれとして認められるでしょう。しかし、そうした相対的なものが存在の根拠とはならないことは、たいていの人は知っています。

こうした日本人の精神的な浅薄さはどこから生じたのでしょうか。それは公教育における宗教教育の欠如からだと私は思っています。「宗教は民衆の阿片である」と主張する立場の人はいうまでもありませんが、「宗教一般というものはありえない。したがって、宗教教育は特定の信仰を前提としたものにならざるをえない」と考える人たちも、公的な宗教教育に反対の態度をとるでしょう。しかしここでいう宗教教育は、仏教やキリスト教といった特定の立場に立つものではありません。まして戦前の神道教育でないことは言うまでもありません。

先に述べた富田和久先生や如浄禅師のことは、私のいう宗教教育の具体例です。富田先生が無教会キリスト教の信者であろうと、如浄禅師が中国宋代の禅者であろうと、それはそこでいわれている事柄を限界づけるものではありません。そこには、信仰というものがいかなる場合にも人間を根柢から支えるものだということ、そうした信仰やさとりの境地というものは、本当の指導者と本人の厳しい努力によって初めて達しうるものであるということが、語られているのです。それは同時に、似て非なる信仰や修行らしきものがどういう点で問題であるかをも示しています。そういうことを知れば、そこから求むべきものも自ずから明らかとなるでしょう。そして、そこで初めて一人ひとりの真の宗教との出遇いが問われることになります。

宗教は、人間の存在の根柢にかかわるという意味で、すべての人間にとっての問題です。ところが、すべての人間が深い信仰やさとりの境地に達するわけではありません。しかしそうであっても、本当の宗教が一人ひとりの人間に対してどういうはたらきをするかということは、誰もが理解することができます。そうした正確な知識こそ、現在最も求められていることではないでしょうか。

あとがき

『真宗入門―宗教的人間の可能性―』〈石田慶和集Ⅲ〉をお届けします。

本書では主に、浄土真宗の教えが現代の私たちにどのような生きる意味を明らかにしているのかということについて書かれている、石田先生の文章を収録しました。先生は、現代は科学的な知識が広く受け入れられ世俗的な価値が重要視される一方で、人間として生きる意味が見失われつつあるということを問題にされました。その上で、親鸞聖人が明らかにされた浄土真宗は、現代においてもほんとうの意味での生きる依りどころとなる真実の教えであり、人間が生きる意味を回復する源となる教えであることをくり返し語られました。本書のタイトルを『真宗入門―宗教的人間の可能性―』としたのは、先生の言葉のはしばしに、浄土真宗の教えの根本に立ち返りつつ、それを依りどころとして生きるところに開かれる人間の可能性が明らかにされている、と考えたからです。

社会の世俗化がすすみ、人々の宗教への無関心が広がっている現代においても、宗教的要求は人間存在にとって本質的なものであり、私たち人間にとって必然的なものである。そして、その宗教的要求の根本的な意味は個別の宗教経験を通して開かれる。このことは、宗教哲学をご専門とされた石田先生の一貫したお考えでした。

宗教経験というと、現代では何か神秘的で異常な体験のように理解されている気がします。しかし、「人間の本質的な要求である宗教的要求から生まれる宗教経験は、日常経験とは異質なものであっても、決して異常な経験ではない。むしろ、毎日の生活の中でいつの間にか見失っている、ほんとうの自分、真の自己を見いだす経験なのだ」と、石田先生は言われます。「たとえば、親鸞聖人は『地獄行きは確かである』と告白されると同時に、『浄土往生は確かである』とも語られている。一見矛盾しているようであるけれども、そのことが自己の生きた事実として、経験的に知られるところに深い意味がある。ほんとうの自分を見失っている自己のありのままの姿にめざめることと、そのありのままの自己を照らしつつ摂(おさ)めとる宗教的真実への逆説的なめざめが、同時に成立するという経験の中で、自己の最も深いところにある宗教的要求が満たされ、迷いの中にいる自分に迷いを超える道が開かれる。そこに浄土真宗における宗教的人間の姿がある」と、先生は言われるのです。このような宗教経験について、浄土真宗では伝統的に二種深信(にしゅじんしん)ということを説いてきました。先生は、その教えの意味を、現代人の思考の枠組みに寄り添いつつ伝えようとされたのです。

　現代の人間は、何でも自分の思い通りにできるかのようにふるまっているように見えます。しかし、そのために自分のありのままの姿を見る余裕がありません。迷いの中に沈んでいる自分に気づかず、そのために生きることの意味が見いだせなくなってしまっているかのようです。石田先生は、そのような現代の人間に対して、宗教とは一方で人間のふつうの願望や思いをくつがえすものでもあるが、そのことによってかえって、人間の心に本当のいのちを吹き込むものでもあることを伝えようとされたのです。本書を手に取られた読者のみなさんが、石田先生のそのような深い思いに少しでも触れていただけるならば幸いです。

石田先生は、龍谷大学を定年退職された後に、浄土真宗本願寺派の浄土真宗教学研究所（現・浄土真宗本願寺派総合研究所）の所長となられました。先生のお父さまは兵庫県宝塚市にある寺院のご住職でしたが、幼少期に石田家の養子となられた先生は、直接寺院活動には携わっておられませんでした。教学研究所には前任の梯實圓（かけはしじつえん）先生よりお話があり引き受けられたようですが、ご自分では「御恩報謝（ごおんほうしゃ）のつとめである」とよく話されていました。教学研究所に勤めはじめられてまだ間もない頃、本願寺御影堂（ごえいどう）でのお晨朝（じんじょう）に出勤していると、自分が親鸞聖人のおそば近くにいることがとても不思議に感じられる。それと同時に、自分がいまここにいることは阿弥陀さまのお喚（よ）び出しなのだということが思われた、と先生が話されたことがありました。

晩年の石田先生は、本願寺で親鸞聖人のお膝元ではたらくことをとても喜んでおられたように思います。また、大阪府高槻市にある行信教校などへも講義に出かけられるようになり、若い浄土真宗の学徒たちに、これからの浄土真宗について語ることをとても楽しみにされていました。先生は、それまでのご自分の歩みをふり返りながら、これからの浄土真宗の教えについて語ることを無上の喜びとされているようでした。

思い返すと、石田慶和先生の著作集の出版を発起して、すでに十年以上の歳月が過ぎました。出版を心待ちにされていた先生の奥さま、そして先生も、その間にお亡くなりになりました。自身の怠惰を慚愧するとともに、ここにこの著作集の完結をご報告させていただきます。

最後になりましたが、本書を出版するにあたりご高配をいただきました、石田先生のご遺族に厚く御礼申しあげます。また、本願寺出版社の皆さまには、最後まで原稿の編集・整理全般にわたりたいへんお世話になりました。深く感謝いたします。

二〇二〇年八月十五日

編者　嵩　満也
（龍谷大学教授）

刊行にあたって

このたび、小社で発行しておりました石田慶和著『生きることの意味―現代の人間と宗教―』（一九九三年）、『念仏の信心―今　なぜ浄土真宗か―』（一九九六年）、『浄土の慈悲』（二〇〇〇年）、『これからの浄土真宗』（二〇〇四年）を整理し、遺稿集として発行することになりました。

本書では、幼少から晩年に至るまでの著者の経験を踏まえて、現代という時代の中での浄土真宗との出遇いとその普遍性について語られた内容となっています。

混迷する時代社会にあって、宗教的要求という人間の原点に還りながら、そのあり方について問うた本書が、多くの人生の支えとなることを願ってやみません。

本願寺出版社

初出一覧

第一章　生きることの意味

・科学的解決と宗教的解決
・親鸞聖人の宗教経験
・人生の出会い―念仏の人
・歓喜と懺悔の人生

浄土真宗教学研究所浄土真宗聖典編纂委員会編『季刊せいてん』第一四号（一九九一年）〜第一九号（一九九二年）まで「生きることの意味」と題して連載。

その後、『生きることの意味―現代の人間と宗教―』（一九九三年）に転載。

第二章　親鸞聖人に導かれて

・人生の転機―本願まこと

一味出版部編『一味』二〇〇〇年秋の号（第六八一号）に掲載。その後、『これからの浄土真宗』（二〇〇四年）に「おりにふれて　本願まこと」と題して転載。

浄土真宗教学研究所報恩講法話（二〇〇〇年一月十二日）を『浄土の慈悲』（二〇〇〇年）に「Ⅰ親鸞聖人の教え：講演・法話六報恩講にあたって㈤近ごろ思うこと」と題して掲載。

本願寺津村別院大阪教区教務所発行『御堂さん』一九九五年六月号（通巻三六一号）に掲載。その後、「二　おりにふれて　十七他力本願と他力本願力」と題して『念仏の信心―今なぜ浄土真宗か』（一九九六年）に転載。

・**真実の宗教**

『宗教の真偽―日本人の宗教意識―』（新伝道ブックスシリーズ4）（一九八二年）に掲載。その後、『生きることの意味―現代の人間と宗教―』に「三　真実の宗教　5 真実の宗教」と題して転載。

・「罪悪」について

『御堂さん』一九九二年八月号（通巻第三二七号）に掲載。その後、『念仏の信心―今　なぜ浄土真宗か』に「二　おりにふれて　十二「罪悪について」」と題して転載。

・慈悲の実践―聖道の慈悲・浄土の慈悲

京都・六角会館での講演（一九九七年九月二九日）を『浄土の慈悲』に「I親鸞聖人の教え：講演・法話　三聖道の慈悲・浄土の慈悲」と題して掲載。

第三章　なぜ、浄土に往生するのか

・往生浄土ということ

中央仏教学院通信教育部編『学びの友』第二七巻二号（通巻三二四号／一九九九年）に掲載。その後、『浄土の慈悲』に「II巻頭言など　四『学びの友』２往生浄土ということ」と題して転載。

・往生と成仏

『学びの友』第二三巻第九号（通巻第二七三号／一九九五年）に掲載。その後『念仏の信心―今 なぜ浄土真宗か』に「二 おりにふれて 六往生と成仏」と題して転載。

・還相回向について

浄土真宗教学研究所編『伝道』第三六号（一九九一年）に掲載。その後、念仏の信心―今 なぜ浄土真宗か』に「二 おりにふれて 十九『還相回向』について」と題して転載。

・いま なぜ宗教か

大法輪閣発行『大法輪』一九九五年九月号（第六二巻第九号）に掲載。その後、『念仏の信心―今 なぜ浄土真宗か』に「二 おりにふれて 二十今 なぜ宗教か」と題して転載。

著者紹介
石田　慶和（いしだ　よしかず）
1928（昭和３）年、京都府に生まれる。
1953（昭和28）年、京都大学文学部哲学科（宗教学専攻）卒業。
1971（昭和46）年、京都女子大学教授。
1975（昭和50）年、龍谷大学教授。
1976（昭和51）年、文学博士。
1997（平成９）年、龍谷大学名誉教授、同大学定年退職。
浄土真宗教学研究所長。
2001（平成13）年、仁愛大学学長。
2015（平成27）年、逝去。

著　書

『歎異抄講話』『親鸞の思想』『信楽の論理』『宗教と科学・ニヒリズム』（法藏館）、『日本の宗教哲学』（創文社）、『親鸞〈教行信証〉を読む』（筑摩書房）、『生きることの意味 ―現代の人間と宗教―』『念仏の信心 ―今 なぜ浄土真宗か―』『浄土の慈悲』『これからの浄土真宗』『一語一会』（本願寺出版社）、ほか。

石田慶和集 Ⅲ
真宗入門 ―宗教的人間の可能性―

2020年10月1日　第1刷発行

著　者　石 田 慶 和
発　行　本願寺出版社
〒600-8501
京都市下京区堀川通花屋町下ル
浄土真宗本願寺派（西本願寺）
TEL075-371-4171　FAX075-341-7753
http://hongwanji-shuppan.com/
印　刷　株式会社 図書印刷 同朋舎

BD02-SH1-①01-02　ISBN978-4-86696-010-4